은혜는 내일 오지 않는다

예수를 믿어도
여전히 힘든 당신에게

은혜는
내일 오지
않는다

박희석 지음

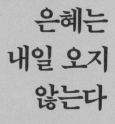

국제제자훈련원

목차

저는 목회자이면서 학자이신 박희석 목사님과 여러 해 교제해왔습니다. 그리고 당신의 삶으로 녹여낸 은혜의 메시지를 회중석에서 여러 차례 기쁨으로 받기도 했습니다. 본서에는 복음이 주는 참된 은혜에 눈을 뜨게 하는 흡인력이 있습니다. 하나님의 은혜, 사람의 은혜, 심지어 내게 주어진 가시까지도 은혜의 눈으로 보게 하는 안목을 키워줍니다. 저자의 신앙과 통찰력 있는 사유가 어우러진 메시지는 독자들에게 따뜻한 위로는 물론 기쁨으로 그 말씀에 순종하도록 힘을 줍니다. 은혜의 샘물을 목말라하는 모든 영혼의 갈함을 해결하는 책이 되리라 확신합니다.

오정호 | 새로남교회 담임목사, 제자훈련목회자협의회(CAL-NET) 이사장

설교란 하나님 말씀이 담긴 고대 성경 본문의 원래 의미를 찾아내어 청중의 삶에 적용함으로써 성도가 하나님의 말씀대로 살아가도록 신앙 양심에 호소하는 거룩한 일입니다. 설교자가 고대 본문과 현대의 삶을 연결하는 역할을 잘 해내야 지금도 살아계셔서 우리의 충성과 복종을 명하시는 능력의 말씀으로 주님의 말씀을 받을 수 있습니다.

이런 점에서 박희석 목사님은 고대 본문의 원래 의미를 건실한 주해로 찾아내면서, 이를 신학적이고 목회적으로 풀어냄으로써 성도가 각자의 삶에 적용하게 하는 데 탁월한 도움을 주고 있습니다. 삶의 구체적인 경험들을 진솔하게 풀어나가는 방식은 고대의 본문을 현대로 어떻게 연결해야 하는지를 보여주는 좋은 샘플입니다. 강력히 추천하는 바입니다.

김지찬 | 총신대학교 신학대학원 구약신학과 교수

나는 원래 설교집 추천하는 것을 별로 좋아하지 않는다. 인터넷이나 책을 통해 홍수처럼 설교 내용이 쏟아지는 시대인데, 또 하나의 설교집은 별 의미가 없다고 생각하기 때문이다. 그러나 저자의 평소 성품과 역량을 잘 아는 나는 이 책을 읽으면서 박희석 목사님이 현장에서 평소 길어 올린 생명력 있는 메시지임을 확인할 수 있었다. 내용이 텍스트에만 갇혀 있지 않고, 그리스도인이 사회 속에서 복음에 기초한 삶을 어떻게 살아야 하는지를 제대로 가르쳐 준다. 텍스트와 콘텍스트가 균형을 이룬 이 책을 기쁜 마음으로 추천한다.

최상태 | 흩어진화평교회 담임목사

'내가 저런 상황이라면 어떻게 버틸 수 있을까?' 싶을 정도로 힘든 과정을 지내는 분들을 간혹 만납니다. 그런데도 함께 이야기를 나눠보면 의외로 그 안에 기쁨과 믿음이 가득해서 놀랄 때가 많습니다. 이것이 복음에서 나오는 위로를 경험한 사람들의 특징입니다.

박희석 목사님이 쓰신 이 책은 하나님의 백성에게는 어떤 상황에서도 충분한 은혜가 준비되어 있음을 강조합니다. 곧 망할 것 같은 두려움 속에서도 다시 힘을 얻어 털고 일어날 수 있는 것은 하나님의 은혜가 우리를 다스리기 때문입니다. 믿음은 있지만 일상에서 깨달은 말씀을 어떻게 구체적으로 적용해야 할지 막막해하는 성도들에게 이 책은 친절한 안내자의 역할을 다하고 있습니다.

이찬수 | 분당우리교회 담임목사

아직도 은혜는 충분합니다

제가 미국에서 유학할 때였습니다. 가난한 유학생들에게 '고급 정보'가 들려올 때가 가끔 있었습니다. 밤 10시가 되어 맥도날드 햄버거 가게가 문을 닫을 때 시간을 잘 맞춰 가면, 그날 팔다 남은 햄버거를 공짜로 얻을 수 있다는 정보였습니다. 그래서 햄버거를 얻으러 갈 때는 밤 10시까지 저녁을 먹지 않고 기다렸습니다. 어떤 때는 허탕을 치고 돌아오기도 하고, 어떤 때는 햄버거를 5개나 얻어 세상을 다 가진 듯한 달뜬 마음으로 기숙사로 와서 냉동실에 두고 며칠을 먹기도 했습니다.

영어 실력이 부족했던 저에게는 한 학기를 마치는 일이 정말 기적과도 같았습니다. 하지만 종강을 해도 방학이 되면 미국 생활을 즐길 여유도 없이 곧바로 학교 청소 아르바이트로 다음 학기 등록금을 벌어야 했습니다. 진공청소기로 강의실과 강당 바닥을 훑고 다니고, 걸레를 들고 화장실 변기청소를 했습니다.

그렇게 청소 도구를 들고 학교 마당을 지나다 보면, 콧노래를 부르며 트렁크에 아이스박스와 생수, 그리고 여행 갈 채비를 하는, 비교적 여유 있는 한국인 유학생들과 마주칠 때가 있었습니다. 그랜드캐니언으로, 옐로우 스톤 공원으로 놀러 가는 그들에게 잘 다녀오라고 손을 흔들어주었습니다.

그런 모습을 보고 나면, 괜히 마음이 울적해서 차를 몰고 평소에 봐두었던 공항 근처 벌판으로 갔습니다. 비행기가 막 이륙하는 모습을 볼 수 있었기 때문입니다. 적당한 곳에 차를 대고 비행기가 떠오르는 모습을 보면서 언젠가 나도 공부를 마치면 학위를 받고 고향으로 돌아갈 생각에 잠시나마 힘이 났습니다.

이 땅에 살면서 눈물 골짜기를 지나가듯 하루하루를 버텨내며 사는 성도들을 참 많이 보았습니다. 엇나가는 자식을 위해 새벽마다 그렇게 눈물로 엎드리는데도 허공을 맴돌다가 땅에 떨어지는 듯한 어머니의 기도가 있습니다. 남은 생애, 자신을 다 드려 교회를 섬기려는 한 여종은 이혼이라는 아픔을 경험하기도 합니다. 가끔 그런 일을 겪은 분들이, 하나님은 어떻게 이러실 수 있냐고 따지듯 물어올 때, 저는 그저 같이 기도하면서 울 수밖에 없었습니다. 저 역시 피조물인데 1.2킬로그램밖에 안 되는 제 머리로 어떻게 크신 하나님의 뜻을 다 이해할 수 있겠습니까?

하지만 목회 20여 년을 넘어서면서 제가 분명히 확신하는 것이 있습니다. 하나님께서 사랑하시는 자녀들의 필요를 다 채워주지 않으시는 이유는, 구하는 그것보다 더 좋은 것이 있음을 잊지 않게 하시려는 것이 아닐까요?

이 땅의 삶은 영원하지 않습니다. 언젠가는 끝납니다. 어떤

은혜는 내일 오지 않는다

분은 "하나님의 유일한 변명은 부활절 아침이다"라고 말했습니다. 우리가 영광 중에 주님을 뵙게 되는 그날, 하나님 은혜가 완전한 형태로 비로소 나타납니다. "세상에서 믿음으로 살려고 애쓰느라 너 참 수고했구나." 그날에 이마에 흐른 땀을 닦아주시고 눈의 눈물을 훔쳐 주시면서 이 말씀을 하실 때, 이 땅에서 겪었던 수많은 아픔, 이해할 수 없었던 시련과 고통이 한순간에 눈 녹듯 다 녹아내리지 않을까요?

미국 생활을 즐기며 공부하던 이들도 졸업하고, 저도 고생 끝에 졸업했습니다. 학위를 받을 때 누가 더 감격스러웠을까요? 마치 제가 학위를 받을 때처럼, 이 땅에서 더 많은 고난과 시련을 믿음으로 이겨낸 사람들이 천국에 들어갈 때, 더 큰 감격과 기쁨을 누리게 되지 않을까요?

하루하루 살아내는 것 자체가 버거운 우리네 인생살이입니다. 그러나 아무리 힘들어도, 한 줄기 희망조차 느껴지지 않는다고 해도, 아직도 하나님의 은혜는 충분합니다. 우리는 그 은혜로 하루하루 살아갈 따름입니다. 그리고 그 은혜가 우리 앞에 그 모습을 완전히 드러내는 날, 영원한 천국이 우리의 자리로 인도할 것입니다. 그래서 우리는 넘어졌다가도 다시 일어설 수 있습니다.

이 책은 최근 2년간 주일마다 광주사랑의교회 성도들과 함께 나누었던 말씀에서 "복음적 위로"를 주는 메시지를 선택해서 다듬은 글입니다. 주일마다 말씀을 나누면서 주신 은혜로 세파에 굳어져 있던 마음이 녹아내렸고, 두려움에 움츠려 있던 데서 용기를 얻었으며, 갈 바를 알지 못해 방황하던 마음 역시 제 길을 찾았습니다. 동일한 은혜가 이 책을 읽는 모든 분에게 임하기를 원합니다.

1부
하나님이 계셔서
참 다행입니다

7 여러 계시를 받은 것이 지극히 크므로 너무 자만하지 않게 하시려
고 내 육체에 가시 곧 사탄의 사자를 주셨으니 이는 나를 쳐서 너무
자만하지 않게 하려 하심이라 8 이것이 내게서 떠나가게 하기 위
하여 내가 세 번 주께 간구하였더니 9 나에게 이르시기를 내 은혜
가 네게 족하도다 이는 내 능력이 약한 데서 온전하여짐이라 하신
지라 그러므로 도리어 크게 기뻐함으로 나의 여러 약한 것들에 대
하여 자랑하리니 이는 그리스도의 능력이 내게 머물게 하려 함이
라 10 그러므로 내가 그리스도를 위하여 약한 것들과 능욕과 궁핍
과 박해와 곤고를 기뻐하노니 이는 내가 약한 그 때에 강함이라

고린도후서 12:7~10

01

당신은 가시를 기뻐할 수 있습니까?

평생 인도에서 나환자를 돌본 폴 브랜드라는 의사가 있습니다. 하루는 진료를 마치고 집에 돌아왔는데 그의 아내가 "여보, 신발은 왜 신고 들어오세요?" 하는 겁니다. 이 말을 듣는 순간 '아, 드디어 나도 나병이 걸렸구나!' 하는 생각이 들어, 급히 방에 들어가 바늘로 발을 찔러 보았습니다. 나병에 걸리면 감각을 잃어버리기 때문입니다. 그런데 발에서 통증이 느껴지지 않았습니다. 그 순간 털썩 주저앉아 통곡하면서 기도합니다. "하나님, 발가락에 아무 통증도 느낄 수 없습니다. 제발 고통을 돌려주세요." 밤을 새워 기도합니다.

다행히 일시적인 마비 현상이었고, 나병에 걸린 것은 아니었습니다. 이 사실을 알고 그는 이렇게 기도합니다. "하나님, 고통을 주셔서 감사합니다."

인생을 살아가면서 우리는 많은 고통의 순간을 만납니다. 사업은 승승장구하는데 느닷없이 병이 찾아오고, 회사에서는 경쟁을 물리치고 고속승진을 하는 중인데, 아이들이 갑자기 가출해버립니다. 우리 삶에는 지금 어떤 고통이 있습니까?

인생에 고통을 허락하시는 이유

바울은 하나님께서 특별히 사랑하셨고, 또 그가 없이는 오늘날의 기독교를 생각하기 힘들 정도로 위대하게 쓰셨던 사람입니다. 이런 사람에게는 복만 주셔야 할 것 같습니다. 재물을 안 주셨다면 명예라도 주셔야 했을 것 같은데, 그는 칭찬은커녕 가는 곳마다 욕을 먹고 핍박을 받았습니다. 단란한 가정이라도 있었는가 하면, 바울은 결혼도 못했습니다. 그럼, 건강만큼은 좋았을까요? 그는 건강하지도 않았습니다. 오히려 언제나 지병이 자신을 괴롭혔다고 고백합니다.

바울은 그 지병을 '가시'라고 표현합니다. 생선 먹다가 목에 가시 걸려본 적 있지요? 얼마나 고통스럽습니까? 대부분의 학자는 이 지병을 안질 또는 간질이라고 봅니다. 그런데 이 가시가 언제 주어졌는가 하면, "여러 계시를 받은 후"(7)에 주어졌다고 했습니다. 이것은 14년 전, 그러니까 바울이 사역을 시작하는 초기에 엄청난 신비한 영적 경험을 하면서 몸에 주어진 가시였습니다. 그 후 14년 동안 이 가시가 바울을 계속 찔러 댔습니다.

그렇다면 하나님께서 왜 인생에게 고통을 주십니까? 바울은

———————   은혜는 내일 오지 않는다

그 이유를 알았습니다. 그랬기에 그렇게 자신을 힘들게 하는 고통을 놓고도, 도리어 크게 기뻐한다고 했습니다. 우리는 바울처럼 그렇게 기뻐하는 수준까지 가기는 어려울 수 있습니다. 그 수준까지는 못 가더라도 최소한 이유라도 알면, 고통 앞에서 불평하지 않고 믿음으로 견디어 낼 수 있지 않겠습니까?

먼저 우리가 가시를 놓고 기뻐할 수 있는 이유가 있습니다.

원치 않는 고난 앞에 서서

첫째, 자만하지 않게 되기 때문입니다. 사람이 언제 자만해집니까? 자신이 그만큼 노력하지 않았는데, 과분한 것이 주어졌을 때 그렇습니다. 좋은 머리를 타고 태어나 그다지 노력을 안 해도 공부를 잘한다면 자만해지기 쉽습니다. 또 건강을 타고 난 사람도 자만하기 쉽고, 손대는 것마다 성공해서 돈을 잘 버는 사람도 자만해지기 쉽고, 타고난 외모를 가진 사람도 자만해지기 쉽습니다.

대부분 노력한 것 없이 큰 은혜를 경험하면 교만해지기 쉬운데 바울이 그랬다는 겁니다. 14년 전에 바울은 3층천에 올라가는 경험을 합니다. 그 3층천이 어떤 곳인지 잘 모르겠지만, 아무튼 영적으로 최고 수준을 경험합니다.

그래서 하나님께서 어떻게 했습니까? "내 육체에 가시 곧 사탄의 사자를 주셨으니 이는 나를 쳐서 너무 자만하지 않게 하려 하심이라"(7). 가시를 통해서 바울을 쳤다고 하십니다. '쳤다'는 말의 원어는 복싱선수가 상대를 쓰러뜨리려고 머리를 계속 치는 것을 말합니다. 쓰러뜨리려고 쉼 없이 계속 때리는 겁니다. 어떻게 되겠습니까? 그런 고통을 만나면 버티려는 생각만 가득해지고 다른 생각을 할 여유가 없어집니다.

예를 들면, 교회 안에서 중요한 직책을 맡고 있고, 보는 사람마다 "나도 집사님처럼 믿음 생활을 하고 싶어요"라는 소리를 듣는 성도가 있습니다. 그런데 정작 자녀들은 끊임없이 속을 썩이고, 빚 문제는 해결되지 않고, 남편 사업은 기약이 없습니다. 이런 상황에 어떻게 자만할 수 있겠습니까? 그런데 놀라운 사실은 이 가시가 오히려 우리를 영적 넘어짐으로부터 지켜준다는 것입니다.

아프리카에서 사역하는 선교사 한 분이 어느 마을을 방문했습니다. 마을 입구에는 제법 넓은 개울이 흐르는데, 그 개울에는 다리가 없었습니다. 그래서 사람들은 물속을 그냥 건너옵니다. 그런데 이상한 것은, 개울을 건너는 사람마다 머리에 큰 돌을 이고 가는 겁니다. 그리고 개울을 건넌 후에는 돌을 버립니다.

'아니, 그냥 건너기도 힘든데, 저 무거운 돌을 뭐 하러 머리에 이고 건널까?' 선교사는 궁금해서 마을 주민들에게 물어보았습니다. 그랬더니 이 개울이 평범해 보여도, 가운데로 가면 물살이 아주 심하다는 것입니다. 그래서 돌을 머리에 이지 않으면 급류에 휩쓸려 목숨을 잃을 수도 있다고 했습니다.

우리에게 있는 가시가 이렇게 머리에 인, 돌과 같습니다. 무섭고 힘들지만 그 돌을 머리에 이고 있기 때문에 세상 급류에 떠내려가지 않습니다. 하나님께서는 교만의 위험한 급류에 휘말리지 않고 인생이라는 강을 건너게 하려고, 큰 돌과 같은 시련을 우리에게 주십니다.

은혜는 내일 오지 않는다

우리에게도 원치 않는 고난이 있습니다. 그렇게 말 잘 듣던 자식이 왜 갑자기 비뚤어지게 나가는지, 남들은 건강하게 잘 사는데 나는 왜 이렇게 잔병치레를 자주 해야 하는지 그 이유를 모를 때가 있습니다. 그러나 사람은 별 수 없습니다. 남보다 좀 잘살든지, 남들보다 좀 더 똑똑하든지 하면 교만하게 되어 있습니다. 그러면 결국 패망의 길로 갈 수밖에 없습니다.

가시가 아니었으면 우리가 지금 이 자리에 있겠습니까? 가시가 아니었다면 이렇게 간절히 하나님을 찾을 수 있을까요? 가시에 찔릴수록 부족함을 더 깨닫고 주님 앞에 무릎을 꿇게 되었고, 가시가 아프기에 주님을 더 의지하게 되었고, 가시가 괴롭기에 주님을 더 사랑하고 주님 품에 안겼습니다. 가시 때문에 이 땅에 소망을 두지 않고, 천국 소망을 더욱 분명히 하게 되었습니다. 우리에게 허락하신 고통은 하나님의 목적을 이루어가는 도구입니다. 그러므로 우리는 가시를 놓고 기뻐할 수 있습니다.

하나님께 가까이 가는 기도의 핵심

둘째, 하나님께로 더 가까이 이끌기 때문입니다. 바울은 가시를 놓고 떠나게 해달라고, 주님께 세 번이나 간구했습니다. 당시 유대인들은 자주 아침 금식을 하면서 40일 작정 기도를 했다고 합니다. 바울도 이런 전통을 따라서 기도했을 것입니다. 한 번도 아니고 3번이나 작정 기도합니다. 이처럼 바울은 떠나지 않는 고통을 놓고, 하나님께 간절히 기도했습니다.

우리는 이 부분에서 균형감각을 가져야 합니다. 자기 문제를 놓고 제대로 기도하지도 않고 "내 육체의 가시야!"라고 하면서 자포자기해선 안 됩니다. 예를 들어, 몸이 약한 사람은 그 허약함을 핑계삼아 이렇다 할 꿈도 품지 못하고 인생을 허송세월하면서 보낼 수 있습니다. 이것은 하나님이 뜻하시는 일이 아닙니다. 떠나지 않는 고통을 놓고, 바울처럼 하나님의 뜻을 확신할 때까지 기도해보았는가를 자문해보십시오.

그런데 이렇게 세 번이나 간절하게 기도할 때, 꼭 기억해야 할 원칙이 있습니다. 바울의 기도는 예수님의 기도와 닮았다는 점입니다. 예수님도 십자가의 잔을 지나가게 해달라고 세 번 기도하셨습니다. 이때 예수님은 "내 원대로 마시옵고 아버지의 원대로 되기를 원하나이다"라고 기도하셨습니다. 바울도 이 예수님의 기도를 따라했을 겁니다. 바울도 할 수만 있다면 가시가 제거되기를 바랐지만, 궁극적으로는 하나님의 뜻에 순종하고자 했습니다.

그렇습니다. 먼저 우리는 하나님 앞에, 내 문제를 해결해달라고 간절히 기도해야 합니다. 그러나 이 기도의 핵심은 나의 원대로가 아닌, 아버지의 원대로 되는 겁니다. 이렇게 아버지의 뜻을 구하며 계속 기도하다 보면, 결과와 상관없이 얻게 되는 정말 큰 영적 유익이 있습니다. 그것이 무엇입니까? 하나님과 더 친밀해집니다. 기도를 어떤 결과물을 얻는 수단으로만 여기면, 결과물을 얻은 후에 하나님과의 관계도 끝납니다.

사실 종교를 가진 분들이 대부분 그런 목적으로 신을 믿습니다. 그러나 기독교에서 말하는 기도는 차원이 다릅니다. 하나님은 요술램프의 지니처럼 우리 필요만 채워주는 분이 아니고, 우리

은혜는 내일 오지 않는다

와 인격적인 관계를 맺길 원하십니다. 함께 교제하며 친밀함을 나누기 원하십니다. 몸에 있는 가시 때문에 계속 기도하다 보니, 이제는 어떤 결과를 얻는 것보다 더 좋은 것을 알게 되었습니다. 하나님 한 분만으로 만족하는 단계까지 나아가게 됩니다. 그 증거가 무엇입니까? 하나님의 응답을 보면 알 수 있습니다. "내 은혜가 네게 족하도다"(9). 바울이 가시를 놓고도 기뻐할 수 있었던 이유는 하나님의 뜻을 너무나 분명하게 깨달았기 때문입니다.

하나님은 아무에게나 당신의 뜻을 말씀하시지 않습니다. 구약성경을 보면 정말 하나님과 친밀함을 나누었던 사람들이 많지만, 그중 모세를 보겠습니다. "사람이 자기의 친구와 이야기함같이 여호와께서는 모세와 대면하여 말씀하시며…"(출 33:11). 어떻게 죄인 된 인간이 하나님과 친구처럼 이야기를 할 수 있습니까? 대단한 특권이 아니겠습니까?

부모 세대가 힘들 때마다 불렀던 찬송가가 있습니다. "큰 물결 일어나 나 쉬지 못하나 이 풍랑으로 인하여 더 빨리 갑니다"(새찬송가 373장 2절). 가시로 고통 중에 있다면, 그로 인해 오히려 하나님께 더 가까이 나아가는 은혜를 경험하도록 기도하십시오.

하나님의 능력이 머무는 사람

셋째, 하나님의 능력이 머물기 때문입니다. 바울은 가시 때문에 하나님의 능력이 자신에게 머문다는 사실을 깨닫습니다. "… 이는 그리스도의 능력이 내게 머물게 하려 함이라"(9). 여기서 '머문다'는 말은 "장막을 친다"는 뜻입니다. 왜 장막을 칩니까? 들어가 거하려고 그렇게 합니다.

그럼, 그리스도의 능력은 언제 머뭅니까? 내가 약할 때, 나에게 가시가 있어 괴로울 때 머뭅니다. 지금 나는 계속 가시에 찔려 그로기 상태입니다. 그러기 때문에 아무것도 의지하지 못하고 가까스로 예수님만 붙들고 있는 상태입니다. 이것이 약한 상태입니다. 그런데 이 약한 상태에 있을 때, 주님의 능력이 온전해진다고 하십니다.

우리는 "내 컨디션이 좋고 건강해야, 내 안에 당신의 능력이 최고로 머물 수 있습니다. 가정이 평안하고 사업도 잘되고, 그렇게 해서 마음에 여유가 있어야 주님의 능력이 가득 찰 수 있습니다"라고 생각하지만, 하나님의 생각은 다릅니다. "아니야, 네가 나를 붙잡지 않고는 도저히 설 수 없는 약한 상태에 있을 때, 그때 네 안에서 내 능력이 진가를 드러낸단다."

소록도를 방문하셨던 어떤 목사님에게서 아주 감동적인 이야기를 전해들은 적이 있습니다. 목회에 지친 어떤 전도사님이 소록도에 가서 한센병 환자들과 함께 예배를 드렸습니다. 통성기도를 하는데 옆에 앉은 분이 "하나님, 이 놀라운 은혜를 어떻게 하면 좋습니까?" 그렇게 울면서 기도를 하더랍니다. 도대체 얼마나 많은 은혜를 받은 분이기에 저렇게 기도할까 하고 돌아봤더니 한쪽 눈은 아예 잃어졌고 귀와 코는 문드러져 있었고, 입은 돌아간 상태였습니다. 손가락도 다 없어져서 두 팔뚝으로 예배당 바닥을 치면서, "하나님 제게 베푸신 은혜를 어떻게 다 갚을까요?" 울면서 기도하는 겁니다. 그 모습 자체로도 은혜를 받았지만, 전도사님은

　　　　　　　　은혜는 내일 오지 않는다

예배를 마치고 넌지시 따로 물어보기로 했습니다.

"도대체 어떤 은혜를 받으셨기에 그렇게 감격하시나요?"

"제가 한센병에 걸리자, 제일 먼저 7년 동안 사귀던 여인이 나를 떠났습니다. 이어 형제들도 나를 버렸고, 나중에는 저를 보면서 눈물 짓던 부모님도 나를 버렸습니다. 그래서 이제 죽으려는데 하나님이 저를 만나주셨어요. 하나님은 내가 찬송할 때마다 나를 반겨주셨고, 성경을 펼칠 때마다 저를 위로하셨고, 말씀을 들을 때마다 저에게 용기와 희망을 주셨고, 저를 사랑하신다고 하셨습니다. 제가 이 하나님의 은혜를 어떻게 다 갚을까요?"

한센병… 이 얼마나 절망적인 상황입니까? 그러나 그 약함 속에서 주님을 바라보았더니, "내 은혜가 네게 족하다"고 하신 말씀 그대로, 그 은혜를 어떻게 갚았으면 좋겠냐고 울면서 기도하게 됩니다. 이것은 자신의 가시를 믿음으로 수용할 때만 경험할 수 있는 신비입니다. 그 비참한 질병의 가시 속에서도 그런 은혜를 누릴 수 있었다면, 오늘 우리가 어떤 약함 속에 있다고 하더라도 주의 은혜를 경험하지 못할 순간이 어디 있겠습니까?

바울은 약한 데서 강해진다는 진리를 깨닫습니다. "바울아! 네 몸이 약하지? 그것 때문에 힘들지? 하지만 기억해라. 너는 그것 때문에 강해지는 거야. '나는 강철이다!'라고 생각한다면 절대 강할 수 없어! 그렇지만 '나는 상한 갈대구나' 생각할 때, 너는 강한 사람이 되는 거야!" 그렇습니다. 하나님께서는 스스로 강하다고 생각하는 사람은 사용하시지 않습니다. 자신의 약함을 알고 하나님을 찾는 사람을 사용하십니다.

여기 종이 한 장이 있습니다. 이 자체로는 너무 약해서 조금만 비틀어도 찢어집니다. 그러나 이 종이가 저 벽에 딱 붙어 있으면, 저 벽이 부서질 때까지는 끄떡없습니다. 지금은 많이 호전되었지만, 저 역시 육체의 가시가 있습니다. 주일설교를 하려고 강단에 서면 느닷없이 공황증이 엄습해 와 쓰러질 것 같은 느낌이들 때가 있습니다. 그러면 저절로 기도가 나옵니다. "주님, 119 구급차 오지 않고 끝까지 설교 마치게 해주세요." 그럴 때마다 기도합니다. "주님, 저는 정말 아무것도 아닙니다. 진흙과도 같은 존재입니다. 주님 나를 도와주세요!" 날마다 나의 약한 것을 시인하고 능력 많으신 하나님의 팔에 나를 맡깁니다. 내 힘으로 목회한다고 생각하면 너무 두렵습니다. 그러나 주님 앞에 무릎을 꿇고 나의 연약함을 고백하면 힘이 납니다.

그리스도의 남은 고난에 동참하는 삶

한번은 이영표 선수가 방송에 나와 이런 이야기를 하는 걸 들었습니다. 경기를 하다 보면 가끔 심판에게 불공정한 판정을 받을 때가 있다고 합니다. 이런 판정에 대해 그는 이렇게 이야기했습니다. "마음에 들지 않는 판정도 경기의 일부라고 생각해야 합니다." 만약 그 판정이 부당하다고 여겨서, 계속 마음에 두고 있다가는 그날 경기를 망치고, 그다음 경기 때까지 악영향을 미친다고 했습니다. 마찬가지 아니겠습니까? 바울이 육체의 가시를 안고, "어떻게 나에게 이러실 수가 있습니까?" 하면서 계속 불평했더라면 무슨 일을 했겠습니까?

어떤 주석을 보니까 "나를 쳐서"라는 단어를 아주 은혜롭게 해석했습니다. 예수님께서 십자가의 길을 가실 때, 사람들이 예수님을 주먹으로 칩니다(마 26:67). 이는 상대방에게 수치심을 안겨주기 위한 행동이었는데, 그런데도 예수님은 부끄러워하지 않고 오히려 자신을 때리는 자들에게 뺨을 맡깁니다(사 50:6). 그러니까 더 적극적으로 십자가 고통을 향해 나아갑니다. 바울은 그런 적극적인 태도로 고통에 임하고 있음을 강조하는 것으로 해석했습니다.

가시는 하나님께서 바울을 온전히 쓰시기 위해 주신 것이기 때문에, 마치 예수님이 사명을 이루기 위해 잘 참으신 것처럼 자신도 그런 태도로 고통에 당당하게 맞섰다는 겁니다. 이렇게 바울은 가시를 놓고도 기뻐할 수 있었기 때문에 하나님께 놀랍게 쓰임 받았습니다. 로마제국이 그 앞에 무릎을 꿇었고, 헬라 세계의 지식인들이 연약한 인간 바울이 전하는 복음 앞에 깨어졌습니다.

스네일 피쉬(Snail fish)라는 물고기를 아십니까? 지금까지 밝혀진 어종 중에 가장 깊은 해저 약 8,000미터에 살고 있습니다. 최첨단 과학기술이 동원된 심해 잠수함도 수압 때문에 해저 6,500미터 이상 내려가지 못합니다. 해저 8,000미터 깊이에서는 1평방미터에 자그마치 8,000톤의 압력이 짓누릅니다. 강철 잠수함도 뒤틀리고 쭈그러지는 엄청난 압력 속에서, 어딘가에 한 번 스치기만 해도 내장이 쏟아져 나올 것 같은 그런 얇은 피부를 가진 스네일 피쉬가 유유히 살아간다는 것이 정말 신기하기만 합니다.

이것이 어떻게 가능할까요? 아직 과학자들은 이에 대해 확실하게 설명하지 못하지만, 이 물고기 안에 외부의 압력에 대응할

"내부적 저항력"이 있기 때문임은 분명합니다.

우리를 약하게 만드는 가시가 있습니다. 육신의 질병으로, 경제적인 압박으로, 지워지지 않는 마음의 상처로 인해 약해질 때가 있습니다. 그러나 그런 것들로 약해질 대로 약해져 있을 때, 하나님은 그 약한 것을 통해서 큰 능력, 어떤 상황에서도 절망하지 않고 다시 일어설 수 있는 능력, 나를 향한 주님의 뜻을 위대하게 이루어낼 수 있는 능력을 주십니다.

하나님이 우리에게 남겨놓으신 고난은 우리를 망하게 하는 도구가 아닙니다. 어디까지나 우리를 다듬으시고, 더 큰 축복을 주시려는 도구입니다. 그래서 어떤 시인은 이렇게 고백했습니다.

주님!
때때로 병들게 하심을 감사드립니다.
그로 인해 저의 연약함을 깨닫습니다.

가끔 고독의 수렁에 내던져 주심도 감사합니다.
그곳에서 주님을 만납니다.

일이 계획대로 되지 않게
틀어 주심도 감사합니다.
저의 교만했던 행실을 발견합니다.

아들, 딸이 걱정거리가 되게 하시고
부모와 친구가 짐처럼 버겁게 하심을 감사합니다.

은혜는 내일 오지 않는다

사람 사는 보람을 느낍니다

먹고사는 데
힘겹게 하심을 감사합니다.
눈물로 먹는 빵의 의미를 이해할 수 있습니다.

불의와 허위가
득세하는 시대에 태어난 것도 감사합니다.
하나님의 의가 분명히 보입니다.

땀과 고생의 잔을
맛보게 하심을 감사합니다.
주님의 사랑을 더욱 분명히 깨닫습니다.

주님,
감사할 수 있는 마음 주심을 감사합니다
그러므로
저에게는 가능성이 있음을 압니다.

고통을 놓고 기뻐하십시오. 고통을 통해 교만의 파도에 쓸려
가지 않을 수 있고, 기도하는 가운데 하나님께 더 가까이 가고, 그
고통을 통해 하나님의 능력이 머물게 되어, 나를 통해 더 큰 하나
님의 역사를 이루기 때문입니다. 고통 중에도 장차 이루실 하나님
역사를 기대하며, 기쁨으로 믿음으로 살아갑시다.

12 여호와의 사자가 기드온에게 나타나 이르되 큰 용사여 여호와께서 너와 함께 계시도다 하매 13 기드온이 그에게 대답하되 오 나의 주여 여호와께서 우리와 함께 계시면 어찌하여 이 모든 일이 우리에게 일어났나이까 또 우리 조상들이 일찍이 우리에게 이르기를 여호와께서 우리를 애굽에서 올라오게 하신 것이 아니냐 한 그 모든 이적이 어디 있나이까 이제 여호와께서 우리를 버리사 미디안의 손에 우리를 넘겨 주셨나이다 하니 14 여호와께서 그를 향하여 이르시되 너는 가서 이 너의 힘으로 이스라엘을 미디안의 손에서 구원하라 내가 너를 보낸 것이 아니냐 하시니라 15 그러나 기드온이 그에게 대답하되 오 주여 내가 무엇으로 이스라엘을 구원하리이까 보소서 나의 집은 므낫세 중에 극히 약하고 나는 내 아버지 집에서 가장 작은 자니이다 하니 16 여호와께서 그에게 이르시되 내가 반드시 너와 함께 하리니 네가 미디안 사람 치기를 한 사람을 치듯 하리라 하시니라

사사기 6:12~16

02

부서진 항아리 위에 임한 영광

성경에서 위대한 삶을 살다간 믿음의 영웅들을 보고 있으면, 자신의 모습이 너무나 보잘것없게 느껴집니다. 물론 그들이 아무 실수 없이 계속 승승장구하며 살았던 것은 아니지만, 가끔씩은 내가 참 쓸모없는 인간처럼 생각되기도 합니다.

그러나 오늘 소개되는 영웅, 기드온에 대해서는 그런 걱정을 할 필요가 없습니다. 그는 우리 수준과 너무나 비슷한 사람이었습니다. 객관적으로 볼 때 그에게는 한 민족을 구할 만한 자질이 없었습니다. 그런데도 하나님은 그를 사용하셨습니다.

도대체 기드온은 얼마나 엉터리 같은 사람이었기에, 하나님이 쓰시기에 전혀 적합하지 않았다고 이렇게 단정적으로 말하는 걸까요? 기드온에 관한 이야기는 사사기 6장부터 8장까지 비교적 길게 기록되어 있습니다. 그런데 그 이야기를 자세히 보면, 기드온의 영웅적인 모습이 아니라 그가 얼마나 형편없는 사람이었는 가를 속속들이 고발하고 있습니다.

저는 본문을 보면서 기드온은 3가지 면에서 하나님께 쓰임받 기에 부적합한 사람이었다는 생각이 들었고, 동시에 이런 인간도 하나님이 쓰셨다는 사실에 큰 은혜를 받았습니다. 우리도 가끔 하 나님 앞에서나 사람 앞에서, 자신이 참 쓸모없는 존재인 것 같다 는 건강하지 못한 생각을 할 때가 있지 않습니까? 하지만 그런 때 를 만나도 결코 자신을 포기하면 안 되고, 다시 용기 있게 일어서 야 합니다.

겁 많은 사람을 택하신 하나님

첫째, 하나님은 우리의 두려움에도 불구하고 사용하십니다.

기드온은 참 겁이 많은 사람이었습니다. 하나님께서 처음 기 드온을 부르실 때, 그는 포도주 틀에서 밀을 타작하고 있었습니 다. 밀은 바깥 넓은 마당에서 타작해야 바람에 껍질을 날려 보낼 수 있습니다. 반면에 포도주는 먼지가 들어오지 못하도록 밀폐된 공간에서 즙을 짜내야 합니다.

그런데 기드온은 왜 지금 밀폐된 공간에서 밀을 타작하고 있 습니까? 두려워서 그랬습니다. 미니안 사람들은 한번 쳐들어오 면, 마치 메뚜기 떼처럼 모든 곡식을 하나도 남기지 않고 다 빼앗 아가곤 했습니다. 그래서 기드온은 지금 밀폐된 공간에서 몰래 밀 을 타작하고 있습니다.

은혜는 내일 오지 않는다

이때 주님의 천사가 나타나 그에게 말씀합니다. "큰 용사여 여호와께서 너와 함께 계시도다"(12). 하나님께서 기드온을 부르시면서 큰 용사라고 하십니다. 이 말에 기드온은 어떻게 반응합니까? "저 같은 것이 어떻게 이스라엘 백성을 구하겠습니까? 제 집안은 므낫세 지파 중에서도 가장 보잘것없고, 저는 그중에서도 가장 못난 사람입니다"(15절 참고). 그의 고백처럼 기드온은 결코 큰 용사가 아니었습니다. 자기 앞에 펼쳐지는 일에 대해 그는 분명 두려워하고 있었습니다.

두려움에 떠는 기드온의 모습은 이후에도 곳곳에 나타납니다. 이 중에 사건 하나만 보겠습니다. 하나님께서 기드온을 사사로 세우신 후에 미디안과 싸우라는 명령을 하십니다. 그때 기드온은 자기를 부르신 분이 하나님이신 것을 먼저 증명해달라고 요청합니다. 눈으로 봐야 믿겠다는 겁니다. 우리가 잘 아는 양털사건입니다. 타작마당에 양털을 한 뭉치 둘 테니, 아침이 되면 털 뭉치만 젖고 주변은 말라 있게 해달라고 합니다. 그렇게 된 걸 확인하니까, 이번에는 거꾸로 털 뭉치만 마르고 주변 땅은 젖어 있게 해달라고 합니다. 이것이 무슨 의미입니까? 기드온은 여전히 두려워 떨었다는 것입니다.

여러분이 입사 면접관이라면 이런 사람을 직원으로 뽑을 수 있겠습니까? 팀원으로 뽑겠습니까? 기드온은 백성을 미디안으로부터 구원할 지도자로는, 거리가 멀어도 한참 멀어보였습니다. 그럼에도 성경이 이런 소심한 영웅을 등장시키는 이유가 무엇일까요? 우리 역시 두려움에 떠는 평범한 사람이기 때문입니다.

어떤 사람이 냉동 창고 안에 들어가 청소하다가 그만 문이 닫

혀버렸습니다. 문을 두드리며 살려달라고 해도 아무도 오지 않았습니다. 문을 두드리다 지친 이 사람은 이제 여기서 꼼짝없이 얼어 죽는다고 생각하면서 두려움에 사로잡혔습니다. 그다음 날 사람들이 냉동 창고 문을 열었더니, 과연 그는 죽어 있었습니다. 그런데 그는 얼어 죽은 것이 아니라 겁에 질려 죽은 것이었습니다. 냉동 창고 전원은 밤새 꺼진 상태였기 때문입니다. 두려움은 이렇게 무섭습니다.

우리도 앞날을 생각하면 갑자기 막막해지고 두려움이 엄습하지 않습니까? 안정된 생활을 뒤로 하고, 용기 있게 새 사업을 시작했는데 이것이 잘못된 판단은 아니었을까? 최근 피검사에서 수치가 안 좋게 나왔는데 혹시 큰 병은 아닐까? 아이가 올해 중학교에 입학하는데 반 아이들에게 괴롭힘 당하지는 않을까…, 이런 두려움은 한두 번이 아니라 계속 우리를 사로잡습니다. 저는 지금 그런 두려움을 어떻게 이겨내야 하는가를 말씀드리려는 것이 아닙니다. 우리가 계속 그런 두려움에 사로잡힌다고 해서, 그것이 하나님께 쓰임받지 못하는 이유가 되지는 않는다는 점을 말씀드리고 싶습니다.

어떤 책에서 읽은 이야기인데, 실제 있었던 일입니다. 어떤 여성이 아침에 늘 하던 대로 성경을 보다가 그날은 시편 91편 4절을 묵상했습니다. "그가 너를 그의 깃으로 덮으시리니 네가 그의 날개 아래에 피하리로다." 그런데 그날, 놀랍게도 강도를 만났습니다. 이분은 너무 겁이 나서 기절할 지경이었습니다. 그 순간 생각나는 것이라곤 하나님 말씀, 특히 아침에 묵상했던 말씀뿐이었습니다.

그래서 머리가 하얘진 상태에서 얼떨결에 그 구절만 입에서 튀어나왔습니다. "그의 날개 아래!" "그의 날개 아래!" 이렇게 미친 듯이 외쳤습니다. 그 모습을 본 강도는 "이거 미친 거 아니야?" 하며, 그냥 두고 달아났다고 합니다. 우리가 두려움에 떨어도 하나님은 우리를 나무라지 않으십니다. 하나님은 우리의 두려움을 잘 아시기 때문입니다. 그리고 두려워하는 그 사람도 하나님의 목적을 위해서 쓰십니다.

부서진 항아리와 같은 자를 택하신 하나님

둘째, 하나님은 우리의 나약함에도 불구하고 사용하십니다.

기드온의 소심함은 두려움으로만 나타나지 않습니다. 그의 나약한 모습도 볼 수 있습니다. 이제 미디안의 군대 13만 5천 명이 쳐들어와 이스라엘이 대치하기에 이릅니다. 7장을 보면, 기드온은 300명밖에 되지 않는 군사를 이끌고 나가, 13만 5천 명의 대군을 무찌르고 큰 승리를 거둡니다. 그런데 이 전쟁에서 어떻게 이겼는지 내막을 들여다보면, 정말 우스꽝스럽습니다.

처음에 미디안 군대와 싸우려고 군사를 모집했을 때 3만 2천 명이 옵니다. 그런데 하나님께서 수가 너무 많다고 하시면서 두려워 떠는 사람들을 돌려보내라고 하십니다. 그래서 2만 2천 명이 돌아갑니다. 나머지 만 명을 데리고 시냇가로 데려가라고 하시더니, 물먹는 모습을 보고 싸울 군사를 뽑겠다고 하십니다. 물을 먹는 군사들의 모습은 두 종류로 구분됩니다. 아예 냇가에 코를 박

고 물을 벌컥벌컥 마시는 사람과 손으로 물을 떠서 마시는 사람이
있었습니다.

주일학교에서 듣기로는, 손으로 물을 떠서 마신 사람들은 무
릎을 꿇고 적군에 대한 경계를 게을리하지 않던 용감한 사람들이
었으므로 뽑혔고, 코를 박고 마신 사람들은 조심하지 않고 물마시
는 데만 열중했기 때문에 전투에 적합하지 않아 돌려보냈다고 기
억합니다.

그런데 어떤 목사님은 이 부분을 아주 재미있게 해석했습니
다. 아예 냇물에 코를 쳐 박고 물을 마신 사람은, "그래 한번 붙어
보자" 하면서, 제대로 싸우기 위해 열심히 훈련을 한 탓에, 정말
목이 말라 입을 대고 정신없이 벌컥벌컥 마셨다는 겁니다. 하지만
무릎을 꿇고 손으로 물을 떠서 마신 사람들은, 땀을 흘릴 정도로
열심히 훈련하지 않은, 오늘날로 말하자면 전투병들이 아니었기
때문에(총 한번 쏴보지 않은 행정병, 취사병, 위생병 같은) 그다지 목이
마르지 않아서 그랬다는 겁니다.

그러니까 하나님께서는 미디안과의 싸움을 위해, 군사의 수
를 줄여 나가셨을 뿐 아니라 전투에 적합하지도 않고 용맹스럽지
도 않은 사람들을 전쟁에 내보내신 겁니다. 이 300명의 군사는 나
약한 기드온의 모습을 그대로 보여줍니다.

그래서 그들이 거둔 승리는 기드온의 지도력 때문도 아니고
이스라엘 군대의 힘도 아니며 오직 하나님의 능력 덕분이었습니
다. 하나님은 자질 없는 나약한 자들을 사용하심으로 하나님의 목
적을 이루십니다. 두려움에 떠는 사람들도 사용하시는 하나님이
시라면, 나약한 사람들도 하나님의 목적을 위해 얼마든지 사용하

은혜는 내일 오지 않는다

실 수 있습니다.

《천로역정》의 마지막 부분을 보면, 크리스천이 오랜 여행 끝에 천국 도시로 들어가는 장면이 나옵니다. 그곳에서 크리스천은, 하나님의 도성에 거하는 주민을 보호하는 무기가 보관된 창고를 구경합니다. 그 안에 어떤 무기가 있었을까요? 놀랍게도 나팔과 부서진 항아리들이었습니다. 그것은 전적으로 자격 미달이었던 기드온을 통해 승리를 거두신 하나님이 쓰신 도구였습니다.

그러므로 우리가 늘 조심해야 할 일이 있습니다. 인간적인 기준으로 자신과 다른 사람을 평가해서는 안 됩니다. 비록 능력이 부족해도 하나님께서 쓰시려고만 하시면 아무 문제가 되지 않습니다. 교회 안에 빛나는 직분, 중요한 직분이 따로 있지 않습니다. 사람들은 그런 것을 사역의 기준으로 삼을지 몰라도, 하나님이 보시기에는 그다지 중요하지 않습니다.

주일 예배시간에 성가대에 서서 찬양하는 일이나, 토요일에 나와 걸레를 들고 교회 청소하는 일이나, 모두가 하나님 앞에서 귀한 일입니다. 하나님은 오히려 나약한 자들을 사용하셔서 하나님의 목적을 이루는 것을 더 좋아하십니다. 내가 연약할수록 그만큼 하나님께 영광이 돌아가기 때문입니다.

목회자에게도 이런 유혹이 있습니다. 주일에 예배를 다 마치면 그날 예배 참석 인원을 보고받습니다. 오늘은 몇 명 왔을까 은근히 궁금해집니다. 왜 그럴까요? 그만큼 큰 교회를 목회하고 싶은 바람이 있기 때문입니다. 우리가 숫자를 신뢰하고 돈을 신뢰할수록, 하나님께서 교회 안에서 역사하실 여지는 점점 줄어듭니다. 오히려 내가 연약할수록 하나님을 더 의지하게 되고, 그렇게 되면 하나님께서 더더욱 강력하게 역사하실 수 있습니다. 이렇게 두려워 떠는 사람, 나약한 사람도 하나님께서 사용하십니다.

지도자 자격이 없는 자를 택하신 하나님

셋째, 하나님은 우리의 결점에도 불구하고 사용하십니다.

이제 미디안을 물리치고 모든 승리의 업적이 기드온에게로 돌아갑니다. 그리고 사람들이 그를 왕으로 세우려고 합니다. 이때 기드온은 "하나님이 너희를 다스려야 한다"고 하면서, 이 제안을 거절합니다. 이제야 기드온이 하나님께 쓰임받는 사람답게 보이지 않습니까?

그런데 기드온이 왕위를 사양하면서 하나님을 높이는 것처럼 보이지만, 8장을 읽어보면 실제로는 왕 못지않게 자기 권력을 강화합니다. 우선 많은 아내를 거느리고 자녀를 70명이나 낳았습니다. 게다가 어떤 첩은 아들을 낳고 이름을 '아비멜렉'이라 짓습니다. 그 뜻은 "나의 아버지는 왕이다"입니다.

그리고 미디안 사람에게서 빼앗은 금으로 에봇이라는 제사장 의복을 만들어 하나님의 뜻을 묻는 데 사용합니다. 그렇게 되면 당시는 제정분리가 안 된 사회니까, 기드온이 모든 실권을 장악하게 됩니다. 이런 식으로 해서 모든 이스라엘 백성들이 자신을 의지하게 만듭니다. 그러니까 실제로는 왕으로서 누릴 것을 다 누린 겁니다.

기드온 이야기의 마무리 부분을 보면, 뭔가 개운치 않은 느낌

은혜는 내일 오지 않는다

을 주면서 끝납니다. 원래 사람은 떠난 후에 자신에 관한 솔직한 평가를 받는다고 하지 않습니까? 그런 면에서 기드온은 결함 있는 지도자였습니다. 결국 기드온이 만든 에봇을 온 이스라엘이 우상처럼 섬기면서, 그것이 기드온과 그의 집에 올무가 되었습니다. 300명의 군대로 13만 5천 명을 무찌르던 큰 용사가, 그 승리를 무색하게 하는 우상도 만드는 게 인간입니다.

우리가 하나님이라면 이렇게 정신 못 차리는 기드온을 어떻게 하고 싶을까요? 정신 차리라고 재앙을 보내던지, 벼락이라도 쳐야 할 것 같습니다. 그러나 성경은 기드온 이야기를 이렇게 마무리합니다. "기드온이 사는 사십 년 동안 그 땅이 평온하였더라"(8:28). 어떻게 그럴 수 있습니까?

물론 죄에 대한 결과는 비참했습니다. 나중에 보면 기드온이 만든 에봇으로 권력을 누리던 기드온의 아들들 70명이, 첩의 아들인 아비멜렉에게 한꺼번에 몰살당합니다. 하지만 하나님이 사용하셨던 기드온 시대에는 이스라엘이 여전히 하나님의 복을 누렸습니다. 결점 있는 사람도 사용하신다는 사실을 실제로 보여주심으로 하나님의 크신 은혜를 드러내신 것입니다.

내 결점 때문에 포기하지는 말자

기드온이 정말 형편없는 영웅이었다는 사실에 대해서는 의문의 여지가 없습니다. 그런데도 하나님은 그를 사용하셨습니다. 오늘날 한국 교회 안에도 그런 경우를 많이 목격합니다.

오래전의 일입니다. 하루는 어떤 집사님이 저에게 상담을 요청하셨습니다. 자신이 평소 그렇게 존경하고 영적 아버지라고까지 생각했던 분이었는데, 여자 문제에 연루되는 것을 보며 너무 실망해서 그분의 설교집을 다 태워버렸다고 했습니다. 그러면서 그동안 그분을 통해 받은 은혜를 어떻게 이해해야 하느냐고 물으셨습니다.

그런 경우를 겪어보신 적이 있지요? 훌륭했던 지도자에게서 도저히 이해하기 힘든 결점을 발견할 때가 있습니다. '어떻게 하나님께서 그런 사람을 사용하시느냐'라고 반문할 수도 있습니다. 하지만 저는 그 사람도 하나님께 쓰임받았다고 봅니다. 이렇게 말씀드린다고 해서, 목사가 잘못해도 무조건 덮어주어야 한다는 말은 아닙니다.

목사뿐만 아니라 장로, 권사 혹은 아무리 위대한 업적을 남긴 누구라도 "세상에 완전한 사람이 어딨냐?" 하면서 자신의 잘못을 합리화하거나 악용해서는 안 됩니다. 당연히 회개해야 합니다. 잘못을 저질러 놓고도 변명만 일삼는다면, 하나님께서 분명히 심판하십니다.

그러나 동시에 이 사실도 기억해야 합니다. 하나님께서는 부서진 항아리 위에 당신의 영광을 부어주시는 분이기도 합니다. 이런 결점 때문에 자신을 포기하지 말자는 것입니다. 말실수도 할 수 있고, 은밀한 유혹과 씨름할 수도 있고, 사신노 주체하지 못하는 분노와 우울감으로, 때로는 죄책감으로 절망할 때도 있지만, 그래도 나는 여전히 하나님께 쓰임받을 수 있다는 희망, 이것은 절대로 놓지 말자는 겁니다.

은혜는 내일 오지 않는다

이 세상에 하나님이 쓰시기에 완벽한 자격을 갖춘 사람은 아무도 없습니다. 자신이 자격 없다는 것을 깨닫는 자만이 자격 있을 뿐입니다. 하나님은 부서진 항아리와 나팔과 같은 우리를 사용해서 하나님의 영광을 드러내십니다. 이 신비를 깨닫지 못한 사람은 아직 하나님께 쓰임받을 준비가 되어 있지 않은 사람입니다. 우리는 전부 부서지고 망가지고 흠이 많은 자들입니다. 그러나 하나님은 그런 우리를 사용하십니다. 맥스 루케이도는 이렇게 말했습니다. "하나님은 당신을 있는 그대로 사랑하신다. 그러나 그대로 두지는 않으신다. 하나님은 당신이 예수님처럼 되기를 원하신다."

하나님께서는 두려워하고 나약하고 결점 많은 기드온에게 은혜를 쏟아부어 주셨습니다. 우리가 이 놀라운 신비를 깨닫고 나면 "나 같은 사람도 하나님 손에 붙들릴 수 있겠구나!" 하고 자신감을 갖게 됩니다.

이 진리에 대해 바울은 이렇게 확인해줍니다. "형제들아 너희를 부르심을 보라 육체를 따라 지혜로운 자가 많지 아니하며 능한 자가 많지 아니하며 문벌 좋은 자가 많지 아니하도다 그러나 하나님께서 세상의 미련한 것들을 택하사 지혜 있는 자들을 부끄럽게 하려 하시고 세상의 약한 것들을 택하사 강한 것들을 부끄럽게 하려 하시며 하나님께서 세상의 천한 것들과 멸시 받는 것들과 없는 것들을 택하사 있는 것들을 폐하려 하시나니 이는 아무 육체도 하나님 앞에서 자랑하지 못하게 하려 하심이라"(고전 1:26~29).

아버지와 꼬맹이 아들이 산을 오르고 있었습니다. 그런데 그만 아들이 발을 헛디뎌 30미터쯤 아래 덤불에 굴러 떨어졌습니다. 다리가 까져 피가 흐릅니다. 겁이 난 이 소년이 다급하게 외쳤습니다. "도와주세요!"

그러자 어디선가 한 목소리가 들려왔습니다. "도와주세요!" 놀라서 어리둥절한 소년이 물었습니다. "누구세요?" 그러자 또 "누구세요?" 하는 소리가 들려옵니다. 소년은 은근히 부아가 치밀기 시작했습니다. 그래서 외칩니다. "너는 겁쟁이야!" "너는 겁쟁이야!" "너는 바보야!" "너는 바보야!"

그때 아들의 비명소리를 듣고 달려온 아버지가 아들을 덤불에서 빼냈습니다. 소년은 아버지를 올려다보며 물었습니다. "나랑 똑같이 따라하는, 저 사람은 누구예요?" 그러자 아버지가 껄껄 웃으면서 말합니다.

"그건 메아리란다. 메아리의 또 다른 이름은 인생이지!" 그러면서 고함을 질렀습니다.

"너는 큰 용사야!" 또 들려왔습니다.

"너는 큰 용사야!"

아버지가 다시 목청껏 외쳤습니다.

"너는 뭐든 할 수 있어!"

"너는 뭐든 할 수 있어!"

우리 인생이 그렇습니다. 자기 인생을 스스로 어떻게 보느냐에 따라 인생은 재구성됩니다. 그러므로 하나님의 눈으로 나 자신을 봐야 합니다. 비록 나는 두려움 많은 겁쟁이고, 연약하기 짝이 없는 무능한 사람이고, 결함도 많은 부자격자일 수 있지만, 하나님께서 나를 큰 용사라고 부르시니 날마다 외치는 겁니다. "나는 큰 용사다. 비록 나는 보잘것없지만, 하나님 손에 붙들릴 때 나는 크게 쓰임받을 수 있어."

비록 우리에게 두려움과 나약함 그리고 결점이 많다고 할지라도, 그것이 우리의 가는 길을 제한할 수 없습니다. 우리는 하나님의 손에 들린 항아리가 되어야 합니다. 비록 부서진 항아리라 해도, 하나님의 은혜를 바라보면 우리 안에 하나님의 영광이 부어질 줄 믿습니다. 하나님께 귀하게 쓰임받는 우리 모두가 되기를 바랍니다.

1 내가 오늘 명하는 모든 명령을 너희는 지켜 행하라 그리하면 너희
가 살고 번성하고 여호와께서 너희의 조상들에게 맹세하신 땅에 들
어가서 그것을 차지하리라 2 네 하나님 여호와께서 이 사십 년 동
안에 네게 광야 길을 걷게 하신 것을 기억하라 이는 너를 낮추시며
너를 시험하사 네 마음이 어떠한지 그 명령을 지키는지 지키지 않는
지 알려 하심이라 3 너를 낮추시며 너를 주리게 하시며 또 너도 알
지 못하며 네 조상들도 알지 못하던 만나를 네게 먹이신 것은 사람
이 떡으로만 사는 것이 아니요 여호와의 입에서 나오는 모든 말씀으
로 사는 줄을 네가 알게 하려 하심이니라 4 이 사십 년 동안에 네 의
복이 해어지지 아니하였고 네 발이 부르트지 아니하였느니라 5 너
는 사람이 그 아들을 징계함 같이 네 하나님 여호와께서 너를 징계
하시는 줄 마음에 생각하고 6 네 하나님 여호와의 명령을 지켜 그
의 길을 따라가며 그를 경외할지니라 7 네 하나님 여호와께서 너
를 아름다운 땅에 이르게 하시나니 그 곳은 골짜기든지 산지든지 시
내와 분천과 샘이 흐르고 8 밀과 보리의 소산지요 포도와 무화과와
석류와 감람나무와 꿀의 소산지라 9 네가 먹을 것에 모자람이 없고
네게 아무 부족함이 없는 땅이며 그 땅의 돌은 철이요 산에서는 동
을 캘 것이라 10 네가 먹어서 배부르고 네 하나님 여호와께서 옥토
를 네게 주셨음으로 말미암아 그를 찬송하리라

신명기 8:1~10

——————————— 은혜는 내일 오지 않는다

03

광야 길에서 누리는 행복

14세기 최고의 시인 단테가 쓴 《신곡》이라는 책이 있습니다. 그의 나이 35세, 당시 혁명군에 가담했다가 실패하여 언제 체포되어 죽을지 몰라 방랑의 시간을 보내야 할 때가 있었습니다. 그 무렵 쓴 책이 바로 《신곡》입니다. 이런 심정을 반영하듯, 서문의 첫 문장은 이렇게 시작됩니다. "나는 인생 여정의 한복판에서 길을 잃어버렸다. 캄캄한 숲 속에서 나를 다시 밝은 곳으로 인도할 자는 누구인가?"

인생의 길을 잃고 헤매는 사람이, 어디 단테 한 사람 뿐이었겠습니까? 수많은 사람이 길을 잃고 방황합니다. 배운 사람은 지식 한 가운데서 헤매고 있고, 사업하는 사람은 한치 앞도 알 수 없는 정글 같은 경제 전쟁터에서 방황합니다. 젊은이들도 나름 꿈이 있지만, 그 꿈을 이루기에 너무나 높은 벽 앞에 대체 뭘 해야 할지 모르고 머뭇거립니다. 우리 모두는 광야에서처럼 도무지 길이 보이지 않는 인생길을 더듬으면서 걸어갑니다.

신명기는 이스라엘 백성이 광야 40년을 보낸 후 가나안 땅에 들어가기 직전, 모세가 그다음 세대 사람들을 모아놓고 당부하는 말씀이 기록되어 있습니다. 모세는 새로운 세대를 향하여 이렇게 묻습니다. "부모 세대가 왜 40년간 광야에서 힘들게 방황했는지 아십니까?" 길이 멀어서도, 목적지를 몰랐기 때문도 아니었습니다. 이유는 딱 하나, 하나님 말씀에 순종하지 않았기 때문이었습니다. 모세는 처음부터 끝까지 이 부분을 강조합니다.

인생은 흔히 광야 생활에 비유됩니다. 우리 모두는 지금 이런 광야 길을 걷고 있습니다. 이런 광야 길에서 헤매지 않으려면 어떻게 해야 할까요? "내가 오늘 명하는 모든 명령을 너희는 지켜 행하라"(1). 비록 광야와 같은 인생길이지만 하나님 말씀에 순종하면 하나님께서 인생길에 복을 주신다고 하십니다.

광야생활에서는 어디서나 불확실과 불편 그리고 부족함(결핍)이 있습니다. 생각지도 못했던 온갖 돌발적인 일이 빈번하게 일어납니다. 이런 광야생활에서 복을 받아봐야, 뭐 얼마나 대단한 복이겠습니까?

사실, 광야는 영원히 살 곳이 아닙니다. 잠시 지나가는 곳입니다. 그러므로 광야생활에서의 복은, 길을 잃지 않고 목적지를 향해 제대로 가도록 도와주는 복이이아 합니다. 이스라엘 백성에게 광야생활은 가나안 땅을 전제로 해야만 비로소 의미가 있는 삶이었습니다. 우리도 마찬가지 아닙니까? 이 광야에서 얼마나 잘 사는가를 기준으로 하나님의 복을 이야기하면 안 됩니다. 우리 인생이 세는 복은 저 영원한 천국을 전제로 하는가를 따져보아야 합니다. 말씀에 순종할 때, 하나님께서는 우리에게 가나안 땅을 향해 제대로 갈 수 있도록 복을 주십니다. 그러면 구체적으로 어떤 복을 주십니까?

말씀을 따라 살 때 열리는 길

첫째, 인생길을 열어 주십니다. 광야의 특징이 무엇입니까? 광야에는 길이 따로 없습니다. 황량한 모래나 돌밭뿐입니다. 자기 위치가 어딘지 알 수 없는데, 여기에 던져진 이스라엘 백성이 어떻게 약속의 땅으로 갈 수 있겠습니까? 길이 없으니까 아무리 유능한 지도자를 세워도 같이 헤맬 수밖에 없습니다. 해답은 단 하나, 하나님 자신이 길이 되어 가셔야 합니다. 광야에는 길이 없지만, 하나님이 가시면 그곳은 길이 됩니다. 아무도 가지 않은 곳이지만, 그 길을 순종하며 나아가면 반드시 하나님이 예비하신 목적지에 도달합니다.

모세는 이 진리를 이렇게 표현합니다. "광야에서도 너희가 당하였거니와 사람이 자기의 아들을 안는 것같이 너희의 하나님 여호와께서 너희가 걸어온 길에서 너희를 안으사 이곳까지 이르게 하셨느니라"(신 1:31). 마치 아버지가 아들을 가슴에 안고 가듯이 하나님이 행로 중에 이곳까지 안고 안내했다는 것입니다. 계속 보겠습니다. "그는 너희보다 먼저 그 길을 가시며 장막 칠 곳을 찾으시고 밤에는 불로, 낮에는 구름으로 너희가 갈 길을 지시하신

자이시니라"(33).

　누가 앞길을 열고 어디로 갈지를 지시하셨습니까? 하나님께서 하셨습니다. 구름 불기둥과 불기둥은 하나님의 임재를 의미하는데 구름 기둥과 불기둥이 인도하는 대로 가기만 하면 길이 열렸고, 하나님이 예비하신 현장이 나타났고 결과적으로 목적지까지 갈 수 있었습니다.

　내가 길을 열 수 없습니다. 내가 여는 길은 옳은 길이 아닐 수도 있습니다. 하나님께서 앞서 가시며 길을 여셔야 합니다. "보라 내가 새 일을 행하리니 이제 나타낼 것이라. 너희가 그것을 알지 못하겠느냐 반드시 내가 광야의 길을, 사막에 강을 내리니"(사 43:19).

　하나님이 하시는 방법이 이런 것입니다. 우리는 길이 막히면 포기하거나 돌아갑니다. 그러나 하나님은 아예 없는 길을 만드십니다. 불가능해 보이는 길이 있습니다. 누가 봐도 불가능한 상황이지만 하나님은 없던 길을 뚫어버리십니다. 대표적으로 홍해 사건이 그렇습니다. 홍해가 가로막고 섰을 때, 그들 앞에는 둘 중 하나의 운명이 놓였습니다. 물에 빠져 죽든지, 이집트 군대의 칼에 죽든지. 그런데 하나님께서는 아예 전혀 다른 길을 열어버리셨습니다. 이분이 바로 우리 하나님이십니다.

　아프리카에 파송된 선교사 한 분이 선교 지역을 답사하는 중에 깊은 정글에서 길을 잃어버리고 말았습니다. 그래서 할 수 없이 그 지역 원주민 한 사람을 가이드로 고용합니다. 이제 그가 안내하는 대로 따라가는데, 계속 이상한 곳으로만 다니며 정글 속을 헤매는 것처럼 보였습니다. 선교사는 의심스러운 목소리로 물었

　　　　　　　　　은혜는 내일 오지 않는다

습니다. "당신, 도대체 길을 아시오? 당신도 길을 잃은 건 아닙니까?" 그 물음에 원주민은 웃으면서 이렇게 말했다. "선교사님, 정글에는 길이 없어요. 내가 가는 길이 곧 길입니다."

말씀을 따라 살면, 인생에서 어떤 광야 길을 만나더라도 길이 열립니다. 지금 사업 문제로, 가깝게는 가족, 멀게는 직장 동료와의 관계에서 진퇴양난에 빠져 어쩔 줄 몰라 하는 분들이 계실 것입니다. 우리 중에 앞날을 알고 가는 사람은 아무도 없습니다. 저도 20년째 목회를 하고 있지만, 앞으로 교회가 어떤 길로 나아가게 될지 가늠할 수가 없습니다. 그러므로 마음이 아무리 조급하더라도, 조용히 골방에 앉아 하나님 말씀에 귀를 기울이시지 않을 수 없습니다. 하나님의 인도하심을 구하십시오. 도와줄 만한 사람을 부지런히 만나고 머리 싸매고 궁리하는 것보다 하나님 말씀 앞에 서보는 것이 훨씬 유익입니다. 그것이 먼저입니다. 어차피 그런 문제일수록 내 힘으로 되는 건 없기 때문입니다. 하나님을 철저하게 신뢰함으로 홍해의 기적과 같은, 상식을 뛰어넘는 기적을 경험하게 되기를 축복합니다.

먹고사는 문제 해결을 넘어선 만족

둘째, 인생의 만족을 누립니다. 광야는 결핍(불만족)을 경험하는 곳이라고 했습니다. 광야생활을 하던 이스라엘 백성에게는 '만나'라는 독특한 음식을 주십니다. 물론 무엇이라도 먹어야 하니까 주셨지만, 그 이면에는 다른 이유가 있습니다. "… 사람이 떡으로만 사는 것이 아니요 여호와의 입에서 나오는 모든 말씀으로 사는 줄을 네가 알게 하려 하심이니라"(3).

여기서 '떡으로만'이라는 말의 의미를 생각해보겠습니다. 인간은 떡을 '많이' 먹고 쌓아둔 자를 성공했다고 봅니다. 젊은이들도 인생의 진정한 가치를 고민하기보다는 떡, 즉 먹고사는 문제에 관심이 많습니다. 열심히 공부해서 좋은 대학, 좋은 직장에 가고, 결국에는 편하고 안정적으로 살려고 합니다. 그래야 돈도 많이 벌고, 큰 집에서 좋은 차 타고 잘 먹고 잘산다는 것입니다. 결국 모든 것이 떡을 얻기 위한 싸움이고, 떡을 향한 인생입니다. 그런데 문제는 떡만 먹어서는 만족이 없다는 데 있습니다. 이런 탐욕스러운 인간들에게 참된 만족이 어디서부터 오는가를 가르쳐주시려고 만나를 먹이셨습니다.

우리가 익히 아는 대로 만나는 매일매일 하늘에서 내렸습니다. 먹을 것을 구할 수 없는 광야에서, 아침마다 하늘에서 먹을 것이 떨어졌습니다. 처음에는 얼마나 신기했겠습니까? 그러나 똑같은 음식을 40년 동안이나 먹었다고 생각해보십시오.

원래 만나는 대략 2달 정도, 그러니까 출애굽 해서 부지런히 걸어 가나안 땅에 들어가기 전까지만 임시로 주시려던 비상식량이었습니다. 그런데 백성에게 믿음이 없어서 가나안 땅 앞에서 다시 돌이키는 바람에 광야 생활이 시작되었고, 그때부터 40년 동안 만나를 먹었습니다.

그런 맛없는 음식을 먹으면서 40년 동안 광야생활을 하게 된 이유가 무엇입니까? "너를 낮추시며 너를 주리게 하시며, 또 너도 알지 못하며 네 조상들도 알지 못하던 만나를 네게 먹이신 것은,

사람이 떡으로만 사는 것이 아니요 여호와의 입에서 나오는 모든 말씀으로 사는 줄을 네가 알게 하려 하심이니라"(3). 광야(세상)를 지날 때 떡만 먹어서는 결코 만족할 수 없고, 하나님의 입에서 나오는 말씀을 먹어야 비로소 만족할 수 있음을 가르치려고 하셨습니다.

현실에서도 이것을 확인할 수 있습니다. 돈을 천문학적으로 쌓아둔 재벌들은 삶이 완전히 만족스러울까요? 헐리우드 스타들을 보십시오. 아무것도 부러울 것 없어 보이는 그들은 왜 약물, 도박, 알코올 중독에 빠져 살아갑니까? 세상에서 몸으로 누릴 만한 것들을 한계 없이 다 누려보았지만 거기에서 만족될 것을 찾을 수 없었기 때문입니다.

2018년 4월의 일입니다. 모 증권사 직원이 실수로 1주당 배당금 1,000원을 지급한다는 것을 1주당 1,000주의 주식을 지급하는 바람에 112조 원이 잘못 지불되는 사건이 있었습니다. 그런데 일부 증권사 직원들이 그 주식을 다 팔아 치웠다고 합니다. 내막은 잘 모르지만, 제가 분명하게 본 것은 인간의 탐욕이었습니다. 솔로몬도 갈파했습니다. "은을 사랑하는 자는 은으로 만족하지 못하고 풍요를 사랑하는 자는 소득으로 만족하지 아니하나니 이것도 헛되도다"(전 5:10).

우리는 배만 부르다고 행복해하는 존재가 아닙니다. 영혼을 가진 영적인 존재이기 때문입니다. 우리의 몸은 밥을 먹어야 하지만, 영혼은 육신의 양식으로는 채울 수가 없습니다. "돈으로 침대는 살 수 있으나, 잠은 살 수 없습니다." "돈으로 음식은 살 수 있으나, 식욕은 살 수 없습니다." "돈으로 집은 살 수 있으나, 행복한 가정은 살 수 없습니다." "돈으로 약은 살 수 있으나, 건강은 살 수 없습니다." 한번쯤 들어봤을 말들입니다.

그렇습니다. 우리는 떡으로는 만족할 수 없습니다. 말씀으로 돌아가야 합니다. 말씀이 육신이 되어 우리 가운데 거하시는 예수님, 지금은 성령으로 우리와 함께하시는 예수님에게서 흘러나오는 생수의 강물을 마셔야 합니다. 말씀의 은혜 가운데 깊이 잠기면, 세상 어떤 것으로도 채워지지 않았던 영적 갈급함이 채워집니다. 바쁠수록 말씀 앞에 더 바짝 다가앉아야 합니다. 영적 갈급함은 오로지 하나님의 말씀만으로만 채울 수 있습니다.

돌아갈 고향이 있기에 가능한 삶

셋째, 인생의 최종목적지에 대한 소망의 눈이 열립니다. 광야의 특징은 소망이 없다는 것입니다. 물 한 방울이 귀하고, 풀 한 포기 나지 않는 메마른 땅입니다. 이런 곳에서 뭘 바라겠습니까? 이런 곳에서 영원히 살고 싶은 사람은 아무도 없을 것입니다. 광야에서 아무리 배부르게 먹은들, 안정적인 집 한 채 세울 수 없습니다. 언제 또 이동할지 기약이 없습니다. 언제든 떠날 준비를 하고 살아야 합니다. 이런 게 광야생활 아닙니까?

광야는 특성상 오래 살 곳이 아닙니다. 따라서 광야생활 자체로는 아무 소망이 없습니다. 이스라엘 백성이 광야에서 살면서 모래바람을 맞고, 목욕 한번 제대로 못하며 고생스럽게 살았지만 그들에게는 살아야 할 이유가 있었습니다. 이 광야생활 끝에, 아름

은혜는 내일 오지 않는다

다운 집을 짓고 정착해 살게 될, 가나안 땅에 대한 꿈이 있었습니다. 장차 들어가게 될 가나안 땅에 대한 소망이 있었기에 광야생활이 의미가 있었습니다.

20세기 철학사에 큰 자취를 남겼던 실존주의 철학자 사르트르는, 1980년 3월에 프랑스 파리의 부르세 병원에 폐수종으로 입원합니다. 그는 이 병원에서 한 달을 발악하며 보냅니다. 찾아온 사람들을 향해 고함치며 절규하기도 했습니다. 사르트르에게는 죽음에 대한 불안과 공포가 가득했습니다. 그는 '자유'에 대해 많은 글을 남기고 현대인에게 깊은 감동을 주었지만, 그의 마지막은 실로 비참했습니다. 1980년 4월 16일, 입원한 지 한 달 만에, 몹시 괴로워하다가 병원에서 세상을 떠납니다. 그가 세상을 떠난 후, 죽음에서의 자유를 그렇게도 외쳤던 사르트르의 말로가 비참했던 이유에 대해 어떤 독자는 이런 글을 썼습니다. "그의 말로가 그렇게도 비참했던 이유는, 돌아갈 고향이 없었기 때문입니다." 사르트르에게는 진정으로 돌아갈 고향이 없었습니다.

반면 독일 고백교회 신학자인 본회퍼는, 2차 세계대전 중에 나치에 항거하다가 독일 수용소에서 죽음을 맞이합니다. 어느 날, 한 간수가 갑자기 문을 두드리고 들어오는데 그는 직감적으로 이것이 자신의 마지막 순간임을 알았습니다. 그는 벌떡 일어나 감방에 있던 동지들에게 이렇게 인사합니다. "동지 여러분! 이제 나에게 죽음이 왔습니다. 그러나 기억하십시오. 이것은 마지막이 아니고 시작입니다. 주님께서 나를 위해 예비하신 아버지 집에서 만날 때까지 여러분, 안녕히 계십시오." 이렇게 마지막 인사를 남기고 감방을 나서는 그에게는 놀라운 평안과 기쁨이 넘쳐 났습니다. 감옥에 있었던 사람들은 하나님을 신뢰하는 사람의 마지막 모습을, 충격과 감동으로 보았습니다. 그렇습니다. 본회퍼에게는 돌아갈 고향이 있었습니다.

정작 어디를 향해 가는지 최종 목적지도 모른 채 한 생을 산다면, 그 인생은 정말 비참한 인생입니다. 그러나 하나님 말씀에 귀를 기울이고 그 말씀에 순종한다면, 인생의 마지막 도착지가 있음을 알게 됩니다. 그곳은 광야와는 전혀 다른, 젖과 꿀이 흐르는 생명의 땅입니다.

이 땅에서는 최선의 삶을 살더라도 언제나 목마르고, 늘 부족하고, 원망과 불평이 끊이지 않고 흘러나올 수밖에 없습니다. 그러나 하나님 말씀을 따라 살면 하나님의 생명이 흐르는 땅, 부족함이 전혀 없는 땅으로 우리를 인도해주십니다.

세상에서 누리는 복에는 끝이 있습니다. 아무리 부를 누리고 명예를 누리고 건강하게 산다고 해도, 80년 인생이 끝나면 그걸로 그만입니다. 시편 39편 5절을 보면, 우리 인생이 "한 뼘 길이"만큼이라고 합니다. 이 짧은 인생에서 그렇게 얻고 싶어 하는 재물, 건강과 명예의 복을 누린다고 한들, 거기에 무슨 대단한 의미가 있겠습니까?

성경에서 말하는 복은 그런 유한한 복이 아닙니다. 세상에서 누리는 복과는 비교할 수 없을 정도로 놀랍고, 영원하고, 영광스러운 복을 말씀합니다. 그 복을 가르쳐 주시려고 광야생활을 허락하십니다. 하나님께서 주시는 진정한 복은, 영원토록 썩지 않고 쇠하지 않는 복입니다. 그런 복이 내게 주어졌음을 정말 믿는다면 삶을 바라보는 우리의 눈, 즉 우리가 가진 재물, 건강, 명예를 바

은혜는 내일 오지 않는다

라보는 눈이 바뀌지 않겠습니까?

이 세상을 떠나며 우리는 돈 한 푼도, 땅 한 평도 가져가지 못합니다. 공원에 가면 이런 말이 적혀 있습니다. "오리에게 먹이를 주지 마세요. 생존능력이 떨어집니다." 자식에게 재물이나 땅을 과도하게 남겨주면 그들의 생존능력을 떨어뜨릴 수 있습니다. 차라리 선한 일에 사용하시면 어떻겠습니까?

우리 교회에서 이번에 필리핀 앙헬레스 지역에 SMCF(Savior Master is Christ Fellowship) 교단 신학교를 세우게 되었습니다. SMCF 교단은 필리핀 현지인인 유망 파스터 목사가 세운 교회가 50여 개 지역교회와 200여 개 가정교회로 분립되면서 세워진 교단입니다. 그런데 이 교단 목회자들은 신학을 체계적으로 배울 기회가 없었습니다. 처음에는 우리 교회의 한 순모임에 이 소식이 알려지면서 작게 돕기 시작한 일이 불씨가 되어, 오늘날 이렇게 큰 불길로 타오르게 되었습니다. 우리가 그렇게 큰 교회도 아닙니다. 그런데도 하나님께서 필리핀 목회자들을 길러내는, 신학교의 전 교육 과정을 맡아 운영하도록 하셨습니다.

2018년 여름에 신학교 개교식을 하면서, 제가 신학교 학장에 취임하고 한국인임에도 SMCF 교단 부총회장이 되었습니다. 이 일을 축하하면서 우리 교회가 지원하여 교단에 속한 3,000여 명의 전 성도가 체육관에 모여 은혜 가운데 찬양 집회를 잘 치렀습니다. 교회 성도들이 정말 힘껏 헌금하여 도운 일에 대해 교단 목회자와 성도들이 얼마나 고마워하는지 모릅니다. 이런 일이, 광야생활의 끝에 아름다운 내 집이 있음을 바라보는 사람이 할 일이 아니겠습니까?

에콰도르 강가에 자신의 젊은 피를 뿌렸던 선교사 엘리엇은 이렇게 간증했습니다. "진짜 붙들고 있을 수 없는 것, 어차피 놓아버릴 수밖에 없는 것을 붙들려고 애쓰는 사람만큼 어리석은 사람이 어디 있겠습니까? 그러나 절대로 잃어버리지 말아야 할 것, 그 영원한 것을 얻기 위해 생명을 버리는 사람은 결코 어리석은 사람이 아닙니다."

광야는 임시 거처이고, 지나가는 과정에 불과합니다. 망망대해에 떠 있는 유람선이 아무리 초호화 유람선이라고 해도, 그 안에서 아무리 맛있고 비싼 요리가 나오고, 나오는 음악에 맞춰 화려한 옷을 입고 흥겨운 춤을 춘다고 하더라도 돌아갈 항구가 없다면 그 배는 아무 의미가 없습니다.

우리는 영원한 가나안 땅을 향해서, 이 땅을 나그네처럼 살아가는 존재입니다. 당신은 목적지를 향해 잘 가고 있습니까? 비록 광야생활이지만, 그 말씀에 순종할 때 우리 인생길이 열리고 결핍이 있는 인생 속에서 만족을 누리며, 우리의 최종 목적지를 바라보는 소망의 눈이 열리게 될 것입니다. 이 광야에서의 생활을 다하는 날, 저 영원한 천국에서 함께 영원한 은혜를 누리는 우리가 되기를 바랍니다.

광야에는 길이 없지만,
하나님이 가시면 그곳은 길이 됩니다.
아무도 가지 않은 곳이지만,
그 길을 순종하며 나아가면
반드시 하나님이 예비하신
목적지에 도달합니다.

12 자녀들아 내가 너희에게 쓰는 것은 너희 죄가 그의 이름으로 말미암아 사함을 받았음이요 13 아비들아 내가 너희에게 쓰는 것은 너희가 태초부터 계신 이를 알았음이요 청년들아 내가 너희에게 쓰는 것은 너희가 악한 자를 이기었음이라 14 아이들아 내가 너희에게 쓴 것은 너희가 아버지를 알았음이요 아비들아 내가 너희에게 쓴 것은 너희가 태초부터 계신 이를 알았음이요 청년들아 내가 너희에게 쓴 것은 너희가 강하고 하나님의 말씀이 너희 안에 거하시며 너희가 흉악한 자를 이기었음이라 15 이 세상이나 세상에 있는 것들을 사랑하지 말라 누구든지 세상을 사랑하면 아버지의 사랑이 그 안에 있지 아니하니 16 이는 세상에 있는 모든 것이 육신의 정욕과 안목의 정욕과 이생의 자랑이니 다 아버지께로부터 온 것이 아니요 세상으로부터 온 것이라 17 이 세상도, 그 정욕도 지나가되 오직 하나님의 뜻을 행하는 자는 영원히 거하느니라

요한일서 2:12∼17

04

이 또한 지나가리라

이런 유머가 있습니다. 남성들은 일반적으로 결혼 상대로 아담한 여성을 선호할까요? 아니면 훤칠하게 큰 여성을 선호할까요? 정답은 '예쁜 여성을 선호한다' 입니다. 결혼을 앞둔 젊은 남녀가 배우자를 고를 때 가장 따지는 것이 무엇일까요? 남자는 키 180센티미터와 안정적인 직장? 여성은 미모와 애교? 그것은 모두 2차적인 것들이고, 사실은 내가 사랑할 대상을 찾습니다. 함께 일생을 살아가야 하므로, 주어야 할 사랑도 하나뿐이기 때문에 까다롭게 따집니다.

솔로몬의 왕후는 700명, 첩은 300명이었습니다. 생각만 해도 현기증이 날 정도지만, 솔로몬이 진짜 마음을 준 여자는 한 명뿐이었습니다. 이집트 바로의 딸, 그녀에게만 마음을 주었습니다. 별 수 없지 않습니까? 사람의 마음은 하나뿐인데 어떻게 100명,

1,000명에게 그 마음을 갈라준다는 말입니까? 사랑을 주려면 선택을 해야 합니다. 이것이 진정한 사랑입니다.

우리 안에 새로운 갈망이 심기다

예수 믿고 구원받은 하나님의 자녀에게, 이 하나님을 사랑한다는 것은 굉장히 까다로운 문제입니다. 적당히 할 수 없는 문제입니다. "네 마음을 다하고 목숨을 다하고 뜻을 다하여 주 너의 하나님을 사랑하라"(마 22:37). 여기 나오는 마음, 목숨, 뜻에 해당하는 단어들의 정확한 뉘앙스와 의미가 어떻게 다른지는 잘 모르겠습니다. 그러나 분명한 것은 "우리 전부를 하나님께 드려야 한다"는 말을 하시려고 이 세 단어를 사용하셨다는 것입니다. 나의 인격 전부를 송두리째 드리는 그런 사랑을 강조하셨습니다. 이런 사랑을 받길 원하시기 때문에, 하나님을 사랑하는 일은 굉장히 까다로울 수밖에 없습니다.

그런데 우리가 또한 심각하게 생각해야 할 문제가 있습니다. 우리의 본성에 관한 것입니다. 우리 본성은 하나님보다 세상을 더 사랑하게 되어 있습니다. 안타깝게도 이런 악한 본성을 지니고 태어납니다. 이런 본성으로는 죽었다 깨어나도 하나님을 사랑할 수 없습니다. 그런데 하나님께서는 우리의 악한 본성에도 불구하고, 하나님을 사랑할 수 있도록 우리 마음을 바꾸어 주셨습니다. 어떻게요? 예수 그리스도를 믿은 이후에 성령께서 우리에게 새 마음을 심어주신 것입니다. 하나님을 사랑하고 싶어 하는 새로운 갈망을 우리 마음에 심으셨습니다. 그래서 예수 믿는 우리 모두에게는 하나님을 사랑하는 마음이 있습니다.

그렇지만 여전히 문제가 있습니다. 하나님을 사랑하는 마음이 생겼으면 이제 세상을 사랑하는 마음이 눈 녹듯 사라졌습니까? 아닙니다. 마음 구석에 그대로 남아 있습니다. 그래서 하나님을 사랑하는 마음과 세상을 사랑하는 마음이 자주자주 갈등을 일으키고 싸웁니다. 하나님과 세상을 동일선상에 놓고 누구를 사랑할까 고민도 하고, 심지어 세상을 사랑하는 마음이 하나님을 사랑하는 마음을 이길 때도 있습니다.

이런 모순투성이인 우리를 향해 사도 요한은 15절에서 말씀합니다. "이 세상이나 세상에 있는 것들을 사랑하지 말라." 너무나 분명하고 단호한 말씀입니다. 자세한 설명이 필요 없을 정도입니다. 다른 말로 하면, 오직 하나님만 사랑하라는 말입니다. 왜 하나님께서 이처럼 엄하게 경고하실까요? 우리에게는 세상보다 하나님을 더 사랑할 수밖에 없는 이유가 있기 때문입니다.

본문 12절에는 "자녀들아", 13절에는 "아비들아", 13절 중간에는 "청년들아"라는 말이 나옵니다. 이 세 호칭은 14절에 다시한번 "아이들아, 아비들아, 청년들아" 하면서 반복됩니다. 그러면서 왜 우리가 세상보다 하나님을 더 사랑해야 하는지를 이야기합니다. 요한이 '자녀, 아비, 청년', 이 세 가지 호칭을 사용한 이유에 대해서는 여러 해석이 있지만, 일반적으로는 남녀노소를 막론하고 예수 믿는 모든 사람을 호칭한다고 봅니다. 내용을 보면 그 사실을 알 수 있습니다. 자녀들만 죄를 용서받은 것이 아니죠? 또 아비들만 하나님을 아는 것이 아닙니다. 또한 청년들만 흉악한 자, 곧 사탄을 이긴 것이 아닙니다. 모든 그리스도인이 죄를 용서받았고, 하나님을 알았고, 악한 사탄을 이겼습니다.

그러므로 우리가 하나님만을 사랑해야 할 세 가지 이유는 이것입니다. 첫째, 죄 사함을 얻었기 때문이고, 둘째로는 태초부터 계신 하나님을 알았기 때문이고, 세 번째는 악한 자를 이겼기 때문입니다. 이 세 가지는 하나님께서 주신, 값으로 따질 수 없는 선물입니다. 한 가지씩 생각해봅시다.

죄책감의 문제까지 해결하신 사랑

우리가 세상을 사랑해서는 안 되고, 하나님만 사랑해야 하는 첫 번째 이유는, 우리의 모든 죄가 용서받았기 때문입니다. 인간은 태어나면서부터 죄책감을 안고 태어납니다. 인간 의식의 밑바닥에는 항상 죄의식이 도사리고 있습니다. 그 증거가 있습니다. 어려운 일이 닥쳤을 때, 가장 먼저 뭐가 생각납니까? "내가 또 뭘 잘못했나?" 하고 생각합니다. 예수 안 믿는 사람도 어려운 일이 닥치면, "내가 전생에 무슨 죄를 지어서 이런 꼴을 당하나?"라고 말합니다. 어느 누구도 죄책감에서 자유롭지 못합니다.

로마서 3장 20절에서 사도 바울은 "율법의 행위로 그의 앞에 의롭다 하심을 얻을 육체가 없[다]"고 했습니다. 무슨 말입니까? 인간이 아무리 선을 행해도 죄책감에서 자유할 수 없습니다. 그런데 그런 우리를 죄로부터 자유하게 하시려고 하나님께서 예수님을 세상에 보내셨습니다. 그리고 십자가에 죽게 하심으로 우리가

——— 은혜는 내일 오지 않는다

치러야 할 죗값을 대신 치르게 하시고, 덕분에 우리는 모든 죄를 용서받고 다시는 정죄함을 받지 않게 하셨습니다. 이것이 우리를 의롭다 하시려고 하나님께서 하신 일입니다.

그런데 12절을 보면, "너희 죄가 그의 이름으로 말미암아 사함을 받았[다]"고 했습니다. 여기서 "사함을 받았다"는 말의 헬라어 동사 시제는 과거완료로 되어 있습니다. 과거완료 시제란 과거에 일어난 일이 당시 일어난 일로 끝난 것이 아니고, 현재까지 계속 이어지는 것을 말합니다. 예수님을 믿는 순간 우리의 모든 죄가 용서받는데, 그 용서는 과거 죄만 용서하신 것이 아니고 앞으로 지을 죄까지도 이미 용서하셨다는 말입니다.

그래서 요한일서 1장 9절은 이렇게 말씀합니다. "만일 우리가 우리 죄를 자백하면 그는 미쁘시고 의로우사 우리 죄를 사하시며 우리를 모든 불의에서 깨끗하게 하실 것이요." 이미 미래에 지을 죄까지 다 용서받았기 때문에, 우리가 죄를 지을 때마다 잘못을 인정만 하면 용서해주십니다. 얼마나 감사합니까? 하나님이 의롭다 하시고 우리 죄를 용서하셨다고 하니, 이제 누가 우리를 정죄하겠습니까? 그러니 우리가 이 좋으신 하나님을 어떻게 사랑하지 않을 수 있겠습니까?

끊어졌던 은혜의 물줄기가 다시 이어지다

우리가 세상을 사랑하지 않고 하나님만 사랑해야 하는 두 번째 이유가 있습니다. 우리는 하나님과 교제하는 존재이기 때문입니다.

"너희가 태초부터 계신 이를 알았음이요"(13). 여기서 '안다'는 말은 사귄다, 교제한다는 뜻입니다. 원래 이 세상에 죄가 들어오기 전에 아담과 하와는 하나님과 교제하는 관계였습니다. 하나님과 아담이 동산을 거닐면서 담소하는 모습을 상상해보십시오. 얼마나 아름답습니까? 창조주와 피조물이 친구처럼 서로 그렇게 친밀한 교제를 나누었습니다.

이런 아름다운 관계가 인간의 죄로 단절되었다가 예수 그리스도를 통해 다시 회복되었습니다. 하나님께서 그전의 아름다운 관계를 얼마나 다시 회복하기를 원하시는지 예수님을 통해서 알게 되었습니다. 그래서 이제 우리는 예수님 덕분에 하나님과 다시 교제하는 특권을 누립니다.

여기 "알았다"는 말도 역시 과거완료 시제입니다. 과거에 한 번 안 것으로 그치지 않고, 계속해서 하나님과 교제한다는 뜻입니다. "그의 계명을 지키는 자는 주 안에 거하고 주는 그의 안에 거하시나니 우리에게 주신 성령으로 말미암아 그가 우리 안에 거하시는 줄을 우리가 아느니라"(요일 3:24). 우리가 무엇을 압니까? 하나님이 내 안에 거하시는 것을 압니다. 예수님을 처음 믿을 때, 그 순간 알고 끝난 것이 아니고, 지금도 계속 교제하면서 사는 기쁨이 있습니다. "하나님과 교제한다"는 말을 히브리서 기자는 참 멋지게 표현합니다. "그러므로 우리는 긍휼하심을 받고 때를 따라 돕는 은혜를 얻기 위하여 은혜의 보좌 앞에 담대히 나아갈 것이니라"(히 4:16). 히브리서는 교제의 두 가지 유익을 말합니다.

먼저는, 하나님 앞에 담대히 나아갈 수 있게 되었습니다. 이 말을 바울은 이렇게 표현합니다. "우리가 그 안에서 그를 믿음으로 말미암아 담대함과 확신을 가지고 하나님께 나아감을 얻느니라"(엡 3:12). 여기 "담대함과 확신"이라는 구절을 개역 성경은 "당당하게"라고 옮겼습니다. 우리는 죄인이지만, 예수 그리스도를 믿음으로 이제는 하나님 앞에 당당하게 나아가 하나님과 교제할 수 있게 되었습니다.

또 하나 교제의 유익이 있습니다. 하나님과 교제할 때마다 때를 따라 돕는 은혜를 주신다고 합니다. 여기서 '때'는 은혜가 필요한 모든 시간을 의미합니다. 그럼 우리에게 언제 은혜가 필요합니까? 매일, 매 순간 필요합니다. 그러므로 언제, 어떤 상황에 있더라도 하나님과 교제할 때, 우리에게 필요한 은혜를 적절하게 공급하심으로 부족함이 없도록 하십니다. 그러니 어찌 하나님만 사랑하지 않을 수 있겠습니까?

예수님의 승리가 우리의 승리도 되는 이유

세 번째, 우리가 세상을 사랑해서는 안 되고, 하나님만 사랑해야 하는 이유가 있습니다. 우리가 사탄을 이겼기 때문입니다. "… 청년들아 내가 너희에게 쓴 것은 너희가 강하고 하나님의 말씀이 너희 안에 거하시며 너희가 흉악한 자를 이기었음이라"(14). 지금 내 안에 하나님의 말씀이 거하시는데, 그 말씀의 능력으로 계속해서 악한 자를 이기는 삶을 살고 있다는 겁니다. 여기서 악한 자는 사탄을 지칭합니다. 정확하게 말하면 우리가 사탄을 이긴 것이 아니라 예수님이 승리하셨습니다. 예수님께서 십자가에 죽으시고 삼일 만에 다시 살아나심으로 사탄의 권세를 꺾으셨습니다.

14절의 "이겼다"는 말도 역시 과거완료 시제입니다. 즉, 예수님께서 사탄을 이기신 일은 과거 한 시점에 한 번 이긴 것으로 끝난 것이 아니고, 그 승리의 영향력이 영원까지 지속된다는 뜻입니다. 예수님은 지금도 사탄을 이기고 있습니다.

그런데 본문은 "예수께서 사탄을 이기었다"라고 말하지 않고, "너희가 사탄(흉악한 자)을 이겼다"라고 하십니다. 이게 참 놀랍지 않습니까? 어떻게 예수님이 이긴 일을 우리가 이겼다고 단언하십니까? 요한일서 5장 4절을 보십시오. "무릇 하나님께로부터 난 자마다 세상을 이기느니라 세상을 이기는 승리는 이것이니 우리의 믿음이니라." 예수님의 승리가 어떻게 우리의 승리가 될 수 있습니까? 우리의 믿음 때문입니다. 예수님이 사탄을 이기신 것을 믿기만 하면, 그 승리는 우리의 승리가 됩니다. 우리가 사탄을 이겼습니다.

그러므로 우리는 귀신을 두려워하지 않습니다. 하나님을 안 믿는 사람들은 얼마나 불편하게 삽니까? 이사도 아무 날이나 못 가고, 상갓집을 다녀오면 몸에 소금을 뿌립니다. 그러나 예수님을 아는 우리는 귀신이고 사탄이고 까짓것 이젠 별거 아닙니다. 예수의 이름 앞에 모두 두려워 떠는 존재일 뿐입니다. 우리는 또 죽음도 두려워하지 않습니다. 하나님의 자녀로서 죽음을 정복하신 예수님과 함께 이미 승리했기 때문입니다. 우리가 이런 은혜를 받았습니다. 사탄은 지금도 우는 사자와 같이 우리를 집어삼키려고 입 벌리고 달려들지만, 예수님의 승리가 우리의 승리가 되었다는 사실을 믿기에 우리는 두려워하지 않습니다. 얼마나 감사합니까?

———   은혜는 내일 오지 않는다

그러니 우리가 어떻게 하나님만을 사랑하지 않을 수 있겠습니까?

모든 죄를 용서받은 우리가, 하나님과 교제를 회복하게 된 우리가, 사탄을 영원히 이긴 우리가, 어떻게 하나뿐인 내 마음을 이 좋으신 하나님께 드리지 않을 수 있겠습니까? 은혜는 반응을 불러옵니다. 이런 놀라운 은혜를 받은 우리는 하나님을 사랑할 수밖에 없습니다.

사라지는 것들에 대한 과도한 사랑을 경계하라

이 은혜를 알고 있습니까? 이 은혜에 감격하며 살아갑니까? 이런 놀라운 은혜를 받고도 마음을 엉뚱한 데 준다면 심각하게 이 질문을 던져야 합니다. "나는 진정 하나님을 사랑하는가?"

이렇게 좋으신 하나님을 어떻게 사랑해야 합니까? 물론 교회에 나와 예배드리는 것도 하나님을 사랑하는 중요한 표현 방법입니다. 그러나 더 중요한 것이 있습니다. 우리의 삶에서 하나님께 대한 사랑을 어떻게 나타내느냐의 문제입니다. 우리가 세상을 사랑하지 않고 하나님을 사랑하려면 어떻게 해야 할까요?

어떤 유치원 아이들이 병원에 견학을 갔습니다. 어떤 아이가 간호사 선생님이 하는 행동을 눈여겨보더니 질문합니다. "선생님, 선생님은 왜 그렇게 손을 자주 씻으세요?" "응, 나는 건강을 사랑하고 병균은 미워하기 때문에 그래!" 사랑해야 할 것과 사랑하지 말아야 할 것이 있으면, 우리는 선택이라는 행동을 해야만 합니다.

하지만 우리는 이 세상과 분리되어 살아갈 수 있는 존재가 아닙니다. 우리는 결혼도 하고, 직장도 다니고, 아이를 낳고 가정을 이루고 삽니다. 세상 사는 동안 하나님이 허락하신 기본적인 욕구가 있습니다. 이것들이 죄가 될 수는 없습니다. 우리가 돈 없이 살 수 있습니까? 예수를 잘 믿으면 배도 안 고픕니까? 욕망 자체가 악은 아닙니다. 그 욕구들은 인간 삶의 원동력이 되기도 합니다. 따라서 세상을 사랑하지 말라는 것이 아예 세상 밖으로 나가라는 뜻은 아닙니다.

문제는 우리 욕망이 어떤 동기로 움직이느냐 하는 겁니다. 우리는 교묘하게 자신을 포장할 줄 압니다. "사업 성공하면 교회에 큰 거 하나 바치겠습니다." 그렇지만 솔직하게 돌아보면, 하나님의 일에 초점이 있는 것이 아니라 자기 사업이 잘되기를 바라는 마음이 우선입니다. 하나님의 영광을 위한다고 하지만, 세속적인 욕망을 채우기 위해 자신을 포장할 때가 얼마나 많습니까?

제가 교회 부흥을 이야기하면서 교회의 외형을 키워 자신을 대단한 존재처럼 보이게 하고픈 마음이 앞선다면, 그것은 하나님을 사랑하는 것이 아니고 세상을 사랑하는 것입니다. 그러니까 세상을 사랑하지 말라는 말은, 자기 마음의 동기가 어떠한가를 따져보라는 말입니다.

세상을 사랑하는 것이 따로 있는 게 아닙니다. 우리가 추구하는 것이 하나님에게서 마음을 놀이키게 한다면, 그것이 세상을 사랑하는 것입니다. 마음속에 성령이 거하시는 성도라면 누구나 압니다. 내가 지금 하나님을 사랑하는 동기에서 일하는지, 그렇지 않은지를 분명히 압니다. 복잡하게 말장난 할 필요가 없습니다.

은혜는 내일 오지 않는다

무엇을 취하고 무엇을 버려야 하는지, 무엇을 가까이하고 무엇을 멀리해야 하는지, 얼마만큼 취하고 어디서 멈추어야 하는지를 압니다. 그러나 세상을 사랑하는 정욕이 나를 집어삼키면, 성령의 음성에 귀를 막게 되고 세상에 내 마음을 주어버리게 됩니다.

인디언 부족에게 대대로 전해져 오는 이야기가 있습니다. 할아버지가 손자를 앉혀 놓고 이야기합니다. "애야, 사람의 마음에는 두 마리의 늑대가 살고 있단다. 한 마리는 착한 늑대고, 또 한 마리는 나쁜 늑대지. 그런데 이 두 늑대는 늘 싸운단다." 손자가 묻습니다. "그럼 할아버지, 어느 쪽 늑대가 이겨요?" 할아버지가 빙긋 웃으면서 말합니다. "그야, 네가 먹이를 주는 쪽이 이기지."

요한은 우리가 왜 하나님을 사랑할 수밖에 없는지를 이야기한 후, 결론적으로 하나님을 사랑하는 것이 왜 중요한지를 말하면서 이 세상도 정욕도 지나가기 때문이라고 합니다. 지나간다는 구절을 영어 성경에서는 '사라진다'(pass away)라고 표현했습니다. 다 사라지는 것들이기 때문에, 본질적으로 사랑할 것이 못 됩니다. 마음을 바칠 대상이 아닙니다. 언젠가는 다 놓아야 합니다. 그러니까 세게 움켜쥘수록 펴기가 더 힘듭니다. 그래서 나에게 속한 것이라면 무엇이든지 느슨하게 잡는 훈련을 해야 합니다. 이 세상 어떤 것도 우리에게 영원한 가치를 안겨주지는 못합니다.

어느 날 다윗왕이 궁중의 세공사에게 명합니다. "나를 위해 아름다운 반지를 하나 만들어다오. 그 반지에는 내가 전쟁에서 큰 승리를 거둬 기쁨을 억제하지 못할 때, 그 기쁨에 취해 교만하지 않게 해주는 글귀를 넣어야 한다. 또한 큰 절망에 빠졌을 때도 결코 좌절하지 않고 용기와 희망을 줄 수 있어야 한다."

세공인은 오랜 시간 정성 들여 아름다운 반지를 만들었지만, 새겨야 할 글귀는 생각나지 않았습니다. 고민 끝에 지혜롭기로 소문난 솔로몬 왕자에게 도움을 청했습니다. 이때 솔로몬 왕자가 세공인에게 알려준 글귀가 바로 "이 또한 지나가리라"는 말입니다. 유대인의 경전 주석서인 《미드라쉬》에 나오는 이야기입니다.

세기의 부자였던 록펠러도, 로마의 휴일에 나왔던 오드리 헵번도, 케네디와 염문을 뿌렸던 마릴린 먼로도, 2차 세계대전을 승리로 이끌었던 처칠이나 아이젠하워도, 천재 사업가 스티브 잡스도, 다 지나갔습니다. 제가 사는 아파트 뒤쪽으로 새로 지은 4층짜리 상가가 있습니다. 건물 주인은 아주 흡족한 표정으로 올려다봅니다. 사실 그곳은 임야였는데 아파트가 들어오면서 땅값이 크게 올랐습니다. 제가 창문으로 내다보면서 혼자 크게 외쳤습니다. "이 또한 지나가리라!" 그러자 영문을 모르는 아내가 놀라서 "무슨 일이에요?" 하고 저를 쳐다보기도 했습니다.

우리는 왜 세상을 사랑하지 말아야 합니까? 예수님 안에서 우리의 모든 죄가 용서받았기 때문입니다. 왜 세상을 사랑하지 말아야 합니까? 창조주 하나님과 교제하는 특권을 가졌기 때문입니다. 왜 세상을 사랑하지 말아야 합니까? 사탄의 권세로부터 해방되는 놀라운 은혜를 받았기 때문입니다.

돈을 벌지 말라는 말이 아닙니다. 하나님의 자녀는 무슨 일에든지 최선을 다해야 합니다. 그러나 거기에 마음을 빼앗겨 하나님보다 더 사랑하지는 마십시오. 언젠가는 사라져버릴 세상을 사랑하시겠습니까? 아니면 영원하신 하나님을 사랑하시겠습니까? 우리의 힘이요 영원한 소망되시는 하나님 아버지께 믿음의 뿌리를

은혜는 내일 오지 않는다

내리십시오. 그분에게 연결된 은혜의 관을 통해 사랑의 수액을 공급받으십시오. 인생에 모진 풍파가 아무리 몰아쳐도, 하나님만 사랑하고 그분에게 능력을 공급받는 사람은 흔들리지 않습니다. 이런 사람은 영원할 줄 믿습니다.

11 그 후에 예수께서 나인이란 성으로 가실새 제자와 많은 무리가 동행하더니 12 성문에 가까이 이르실 때에 사람들이 한 죽은 자를 메고 나오니 이는 한 어머니의 독자요 그의 어머니는 과부라 그 성의 많은 사람도 그와 함께 나오거늘 13 주께서 과부를 보시고 불쌍히 여기사 울지 말라 하시고 14 가까이 가서 그 관에 손을 대시니 멘 자들이 서는지라 예수께서 이르시되 청년아 내가 네게 말하노니 일어나라 하시매 15 죽었던 자가 일어나 앉고 말도 하거늘 예수께서 그를 어머니에게 주시니 16 모든 사람이 두려워하며 하나님께 영광을 돌려 이르되 큰 선지자가 우리 가운데 일어나셨다 하고 또 하나님께서 자기 백성을 돌보셨다 하더라

누가복음 7:11~16

———— 은혜는 내일 오지 않는다

05

하나님께는
울지 않는 자녀가 없다

제 책상 위에는 성도들이 송구영신 예배 때 교회에 부탁한 기도 카드가 놓여 있습니다. 틈틈이 카드를 하나씩 넘겨 가며 기도하는데 기도 제목 하나하나마다 그분들의 눈물이 보였습니다. 기도하다 보면, 얼마나 힘들까 하는 생각에 저 역시 덩달아 슬퍼지기도 합니다.

인생에서 가장 친숙한 단어가 있다면 바로 '눈물'일 겁니다. 인간이라면 누구나 웁니다. 인간은 울면서 태어나고, 눈물 지으며 한 생을 살아가다가, 세상을 떠날 때도 눈물바다 속에서 눈을 감습니다. 누가 이 슬픔의 눈물을 멈추게 할 수 있겠습니까?

우리 중에 눈물 한 번 흘리지 않고 사는 사람은 아무도 없습니다. 예수님도 세상에 계실 때 눈물을 보이셨습니다. 인생 자체가 눈물과 함께합니다. 흔히 우리 인생을 고해라고 하지 않습니까? 그러므로 눈물을 보이는 것을 부끄럽게 생각하지 말아야 합니다. 울고 싶으면 마음껏 울 수도 있어야 합니다. 세상 구석구석을 보십시오. 눈물 없이는 볼 수 없는 처참한 일들이 얼마나 많습니까? 우리는 울어야 합니다.

　주님도 성도의 눈물을 귀하게 보십니다. 아이가 닭똥 같은 눈물을 뚝뚝 흘리는 모습을 보면 십중팔구 부모의 마음은 메입니다. 부모는 자식의 눈물에 약합니다. 마찬가지로 우리가 울고 있으면 하나님의 마음이 움직입니다.

마지막으로 잡았던 지푸라기도 사라져갈 때

갈릴리 바닷가에 있는 가버나움이라는 동네에서 남쪽으로 하룻길쯤 여행하면, 골짜기 끝자락에 자리 잡은 나인이라는 자그마한 동네가 나옵니다. 그 동네에는 남편과 함께 행복한 가정생활을 꿈꾸었지만 그런 소박한 꿈마저도 이룰 수 없었던, 한 여인이 있었습니다.

　남편을 먼저 저 세상으로 떠나보내고 홀로 남겨진 여인은, 이번에는 하나밖에 없는 아들을 잃는 불행을 당합니다. 남편이 세상을 떠난 후, 그동안 홀로 자식을 키우느라 얼마나 힘들었을까요? 엄청난 시련과 극심한 가난 그리고 고독을 온몸으로 이겨내야 했을 겁니다. 얼마나 많은 눈물을 흘리며 하루하루를 보냈을까요? 그래도 살 만했습니다. 아들은 자신이 기댈 수 있는 기둥 같은 존재였으니까요.

　　　　　　　　　은혜는 내일 오지 않는다

그런데 어느 날 이 아들마저도 세상을 떠나고 맙니다. 하늘이 무너져 내렸습니다. 모든 소망을 다 잃어버리고 말았습니다. 살아야 할 이유를 발견하기 어려웠을 것입니다. 여인은 아들의 마지막 가는 길을 따라가며 말라버렸을 눈물을 또 흘리고 있습니다. 이 여인의 심정을 어떻게 헤아릴 수 있을까요?

이 장례 행렬이 예수님의 행렬과 마주칩니다. 한번 상상력을 발휘해보겠습니다. 죽은 자를 묻으려는 행렬이 성 밖으로 빠져나가고 있습니다. 사망이 또 하나의 포로를 잡아서 무덤으로 향하게 하는 중이었습니다. 눈물과 고통으로 얼룩진 많은 사람이 뒤를 따릅니다. 그리고 그 행렬과 예수님의 행렬이 마주칩니다. 두 행렬이 마주치는 순간, 갑자기 사망을 따르는 행렬이 예수님께 제지당합니다.

세상에서 누가 감히 죽음의 행렬을 막아설 수 있습니까? 그런데 예수님은 죽음의 행렬을 멈춰 서게 하셨습니다. 그리고 울고 있는 여인에게 "울지 말라" 하시고, 관에 손을 대고 "청년아 일어나라" 하고 명령하셨습니다. 그 순간, 사망에게 무기력하게 사로잡혀 무덤으로 끌려가던 여인의 아들은 어머니의 품으로 되돌아옵니다.

우리도 눈물이 마를 날이 없는 고통과 슬픔의 나날을 살아갑니다. 예수님은 우리의 눈물을 결코 외면하지 않으십니다. 우리의 눈물을 공감하시고 눈물을 거두어주십니다. 13절 말씀을 주목해봅시다. "주께서 과부를 보시고, 불쌍히 여기사, 울지 말라 하시고." 이 세 구절을 통해 예수님이 어떻게 우리의 눈물을 닦아주시는지 함께 생각해보겠습니다.

하나님께는 울지 않는 자녀가 없다

첫째, 주님은 우는 자들을 보십니다.

사복음서에는 예수님께서 '보셨다'는 말이 40번 정도 나오는데, 대부분 슬픔당하는 사람들, 병으로 고통당하는 사람들, 버림받은 사람들, 실패한 사람들을 먼저 보셨습니다.

예수님은 그런 분이십니다. 인생의 무거운 고통을 안고 씨름하는 사람들을 가장 먼저 주목하시고 그 아픔에 공감하십니다. "이 여인이 얼마나 슬플까? 마음이 얼마나 찢어질까? 인생을 보며 얼마나 탄식하고 있을까?" 굳이 세세한 설명을 듣지 않아도 다 아시고, 여인이 걸어온 일생 전체의 고통과 아픔을 자기 마음에 담으셨습니다.

하나님은 우주만물을 늘 살피십니다. 그중에 하나님의 형상대로 지음받은 인간들, 그중에서도 예수를 믿어 하나님의 자녀가 된 우리들, 그중에서도 특별히 고난 가운데 우는 자들을 눈여겨보십니다. 기댈 곳 없는 고아와 과부, 살아가기 힘들어 하는 가난한 사람들, 병들어 고통 중에 신음하는 자들을 더욱 살피십니다.

우리 인생은 눈물로 점철되어 있습니다. 예수를 믿어도 눈물을 흘립니다. "하나님은 눈물을 흘리지 않는 자녀를 두신 일이 없다." 스펄전이 한 말입니다. 그러므로 하나님은 우리가 눈물을 흘릴 때 무심하게 보시지 않습니다. 남몰래 흘리는 눈물을 남편은 몰라도, 가슴에 흐르는 눈물을 자식이 알지 못해도, 우리 주님은 알아주십니다.

예수님도 육신의 몸을 입고 이 땅에 오셔서, 인간이 겪는 모든 아픔과 슬픔을 경험하셨기 때문에 우리가 흘리는 눈물을 아십니다. 예수님도 세상에 계시는 동안 자주 우셨습니다.

인간은 누구나 다 약합니다. 겉으로 세게 보이는 사람일수록 더욱 그렇습니다. 링컨은 "나는 울면 안 되기 때문에 웃는다"라고 말했습니다. 남북전쟁의 만신창이 현실 속에서 자기 마음을 그렇게 표현했습니다.

그러나 저는 이 말에 동의할 수 없습니다. 노예 문제로 서로 죽이고 죽는 엄청난 전쟁 비극 속에서 어떻게 울지 않을 수 있습니까? 남자는 태어나 3번만 울어야 한다는 말이 있습니다. 태어났을 때, 부모가 돌아가실 때, 나라를 잃었을 때. 저는 더 울고 싶은데, 왜 꼭 남자는 3번만 울어야 한다고 했을까요?

하지만 교회에 와서는 그럴 필요가 없습니다. 아무 문제없는 척, 센 척하지 않아도 됩니다. 하나님은 우리의 연약함을 내치는 분이 아닙니다. 약해 빠졌다고 나무라시지 않습니다. 슬플 때는 실컷 우시기 바랍니다. 아이들은 넘어져서 혼자 울다가 엄마가 달려오면 더 크게 웁니다. 똑같습니다. 예수님 앞에서 뭐 체면 차릴 거 있겠습니까? 주님 앞에서 실컷 울기 바랍니다. 그분이 우리의 눈물을 보십니다.

하나님께 납작 엎드리는 자에게 임하는 은혜

둘째, 예수님은 우리의 눈물을 보실 뿐만 아니라, 불쌍히 여기십니다.

겉으로 볼 때는 참 행복해 보이고 아무 걱정 없어 보이는 사람이 있습니다. 그런데 제가 목회하면서 보니까, 겉으로 보이는 모습하고 속사정은 무척 다릅니다. 남편이 사업하다가 날린 돈을 갚느라고 부부가 밤낮으로 고생하는가 하면, 물질적으로는 좀 넉넉한데 자식이 애를 먹여 눈물이 마를 날이 없는 가정도 있습니다. 멀쩡하던 남편이 뜬금없이 이혼하자고 해서 어찌할 줄 몰라 조용히 눈물을 훔치는 부인도 있습니다. 이것이 우리 인생의 속살입니다. 이런 분들이 얼마나 많은지 모릅니다.

세월호 인양을 시작한 첫날, 그 배를 끌어 올리는데 2킬로미터 밖에서 배를 타고 밤새워 지켜본 부모들이 있었습니다. 그분들이 했던 말 중에, 더욱 마음을 아프게 한 이야기가 있습니다. "저 시커먼 바닷속에서 엄마를 찾으며 죽어갔을 아들딸들을 생각하면 너무 불쌍해서 지금도 눈물이 납니다." 그 말을 들으며 제 아내가 막 우는 겁니다. 우리가 봐도 이렇게 눈물이 흐르는데 하나님께서 보실 때 어찌 불쌍하지 않겠습니까? 그래서 기도했습니다. "하나님, 우리가 이렇게 불쌍한 존재입니다. 자식을 바다에 묻고 아직도 눈물이 마를 날이 없는 저 부모들을 불쌍히 여겨주세요."

성도 여러분, 우리가 누굽니까? 하나님의 형상대로 지음받은 하나님의 자녀가 아닙니까? 그 자녀들이 지금 울고 있는데 어떻게 무심하게 보기만 하시겠습니까? 예수님은 우리가 당하는 육체의 고통을 똑같이 경험하셨기 때문에 우리가 얼마나 연약한 존재인가를 너무나 잘 아십니다.

이런 불쌍한 인생을 예수님은 '상한 갈대, 꺼져가는 심지'라고 표현하셨습니다. 갈댓잎이 파랗게 뻗어나갈 때는 아주 매력적

은혜는 내일 오지 않는다

이고 당당한 모습입니다. 인생도 한때는 이렇게 갈대처럼 화려하고 당당할 때가 있습니다. 모든 사람이 보고 부러워합니다. 그런데 어느 날 그 갈대가 상해서 갑자기 꺾입니다.

또 호롱불 심지가 오래되면 다 타서 불을 붙여도 그 불이 약합니다. 그래서 문틈으로 들어오는 자그마한 바람에도 꺼지려고 너풀거립니다. 말하자면 죽기 일보 직전입니다. 소망이 별로 없습니다. 한때는 모든 사람 앞에서 빛나는 인생이었지만, 이제는 꺼져가는 심지와 같습니다. 작은 시련의 바람만 불어와도 꺼져버릴 것 같은 나약한 모습, 이것이 꺼져가는 심지와 같은 인생입니다. 이런 분들이 지금도 후미진 곳에서 눈물을 흘리고 있습니다.

갈대가 상하고 꺾이면 사람들은 신경도 안 씁니다. 꺼져가는 심지가 어떻게 되든, 누구 하나 상관하지 않습니다. 이것이 세상입니다. 그러나 우리 예수님은 다릅니다. 예수님은 "상한 갈대를 꺾지 아니하며, 꺼져가는 심지를 끄지 아니하[는]"(마 12:20) 분입니다. 상한 갈대와 같은 우리, 꺼져가는 심지와 같은 연약한 우리를 보실 때 그 마음이 어떠시겠습니까? 불쌍히 보십니다.

그러므로 우리가 하나님의 관심을 끌 수 있는 가장 좋은 방법이 있습니다. 하나님 앞에서 불쌍하게 보이면 됩니다. 다윗을 보십시오. 그는 하나님께 징계를 받아, 밧세바와 사이에서 난 아들이 병들어 죽어가고 있었습니다. 그때 다윗은 금식하고 온 몸을 맨땅에 붙이고 엎드렸습니다. 그렇게 7일이나 있었습니다. 왜 그랬겠습니까? 그렇게라도 하면 하나님께서 자신을 좀 불쌍히 여겨주실까 싶어서였습니다.

하나님 앞에서는 아무 일도 없는 척할 필요가 없습니다. 그냥 납작 엎드리는 것이 상책입니다. 이 세상에 제일 미련한 사람이 해결할 수 없는 일을 놓고 자기 힘으로 해결해보려고 애쓰는 사람입니다. 하나님 앞에서 불쌍히 여김받는 것보다 더 큰 복은 없습니다. 지금 눈물이 나십니까? 그러므로 하나님 앞에 불쌍히 보이십시오. 무릎을 꿇고, 금식도 한번 해보세요. 음식까지 안 먹고 앉아 있으면 하나님께서 얼마나 불쌍히 여기시겠습니까? 이런 겸손한 모습으로 나아가면, 예수님께서 우리를 불쌍히 여겨주시고 우리 눈물을 거두어주실 줄 믿습니다.

인간의 위로에는 한계가 있다

셋째, 예수님은 우리가 눈물 흘린 원인을 해결하십니다.

예수님께서 관에 손을 대시니까, 메고 가던 자들이 걸음을 멈추었습니다. 그때 예수님이 말씀하십니다. "청년아 내가 네게 말하노니 일어나라!" 그러자 그 죽었던 청년이 일어나 앉고 말도 하게 되었습니다. 예수님은 여인에게 아들을 돌려주셨습니다. 그래서 여인의 눈물이 변하여 기쁨이 되게 하셨고, 여인의 슬픔은 춤이 되게 하셨습니다. 예수님은 그렇게 여인을 위로하셨습니다.

이 사건을 보면서, 우리가 깨달아야 할 진리가 있습니다. 세상에서 이렇게 근본적인 문제로 울고 있는 사람에게 울지 말라고 감히 말할 수 있는 사람이 있습니까? 울지 말라는 것은 울게 만든 그 문제를 해결해주겠다는 말 아니겠습니까? 누가 우리의 인생 문제를 해결할 수 있습니까? 게다가 이렇게 죽은 자를 살려낸다

은혜는 내일 오지 않는다

는 것은 아무나 할 수 있는 일이 아닙니다.

사랑하는 사람을 먼저 떠나보내고 슬픔 가운데 처한 성도를 조문할 때가 가끔 있지요? 그때 우리가 무슨 말을 건넬 수 있습 까? 사실 할 말이 없습니다. 무슨 말을 한들 위로가 되겠습니까?

제가 사랑의교회에서 사역할 때, 옥한흠 목사님은 이렇게 말 씀하셨습니다. "장례예배를 인도하러 가서 목사가 그 유족을 위 로할 방법은 두 가지밖에 없습니다. 하나는 그 죽은 사람을 살려 내는 일인데, 만약 그렇게 하지 못하겠으면 그냥 같이 우십시오. 그게 슬픔당한 유족을 위로하는 최고의 방법입니다." 맞습니다. 죽음을 앞에 놓고 있는 인간끼리 위로해줄 수 있는 유일한 방법은 함께 우는 것밖에 없습니다.

우리 인생이 근본적으로 슬픈 이유는 바로 죽음 때문입니다. 성경은 우리가 일생 죽음에 매여 종노릇한다고 표현합니다. 그만 큼 인간은 죽음이 주는 슬픔에서 벗어날 수 없다는 뜻입니다. 그 러나 예수님은 인간이 감히 흉내도 낼 수 없는 일, 오직 생명의 창 조자만이 할 수 있는 일, 곧 죽은 자를 살리는 일을 만천하에 드러 내셨습니다.

예수님이 세상에 오신 이유는 죽음을 정복하기 위해서였습니 다. 죽음에 종노릇하는 우리를 해방시키기 위해 오셨습니다. "청 년아 내가 네게 명하노니 일어나라." 이 말씀을 하심으로 예수님 만이 죽음을 이기신 생명의 주관자가 되심을 선포하셨습니다.

청년의 시체를 끌고 나올 때만 해도 죽음의 사자는 자기가 세 상에서 가장 힘 있는 군주라고 생각했을 겁니다. 그러나 예수님의 음성 앞에 사탄은 아무 손도 쓸 수 없었습니다. 그 청년을 죽음에 묶어둘 수 없었습니다. 주님이 명령하자 청년은 죽음을 이기고 일어났습니다.

요한복음 11장 25~26절에서, 예수님은 친히 선언하셨습니다. "나는 부활이요 생명이니, 나를 믿는 자는 죽어도 살겠고, 무릇 살아서 나를 믿는 자는 영원히 죽지 아니하리라." 그러므로 엄밀히 말해서 예수 믿는 사람에게 죽음은, 영원한 세계로 들어가는 하나의 관문에 불과합니다. 십자가에서 부활하신 예수님이 죽음을 정복하셨기 때문입니다. 우리는 이 주님을 믿습니다. 이 사실만 생각해도 우리는 어느 정도 슬픔을 이겨낼 수 있습니다.

우리를 통해 그리스도를 나타내시려고

우리는 예수님이 죽음을 정복하신 것을 분명히 믿습니다. 더 이상 죽음은 슬픔의 이유가 될 수 없다는 것도 압니다. 그리고 마지막 날에 우리 모두 부활하게 될 줄 믿습니다. 그런데 문제는, 우리의 모든 슬픔이 온전히 사라지는 날, 부활의 날은 오랜 후의 일이라는 겁니다.

지금 나는 여전히 슬픕니다. 내 앞에 놓인 가슴 아픈 현실이 여전히 나를 눈물 짓게 합니다. 솔직히 부활은 먼 장래에 일어날 일 아닙니까? 장래 소망이 지금 내 슬픔을 가져갈 수 있습니까? 지금 당장은 너무 힘듭니다. 이런 나를 예수님이 어떻게 위로하실 수 있습니까?

방법은 간단합니다. 내가 지금 겪는 시련을 거두어가시면 됩

은혜는 내일 오지 않는다

니다. 그러면 우리는 눈물을 뚝 그칠 겁니다. 그러나 현실은 그렇지 않습니다. 하나님은 계속 눈물의 골짜기를 지나가게 하실 때가 많습니다. 왜 그러실까요?

글쎄요. 저는 그 뜻을 잘 모르겠습니다. 어쩌면 시련을 통해서, 너무 앞만 보고 달려왔던 우리 삶을 돌아보며 잘못을 깨닫게 하시려고 그러시는 건 아닐까요? 혹은 평소에는 몰랐던 일상의 감사를 배우게 하려고 그러셨던 것은 아닐까요?

어쩌면 우리의 믿음을 더 단단하게 하려고 그러셨을 수도 있습니다. 어쩌면 시련의 눈물이 있었기에 세상을 사랑하지 않을 수 있었는지도 모릅니다. 그 아픔이 있었기에 하나님만 신뢰하며 살아가게 되었을 수도 있습니다.

사실 이런 것들—잘못을 깨닫고, 일상의 삶을 감사하고, 믿음이 견고해지고, 세상에 미련을 두기보다 하나님을 더 신뢰하게 된 것— 중에 무엇 하나 소중하지 않은 것이 없고, 또 무엇 하나 거저 얻어지는 것이 없습니다.

진주가 어떻게 만들어지는지 보십시오. 아주 부드러운 조갯살 안에 이물질이 들어오면, 조개는 너무 아파서 분비물을 내서 이물질을 감쌉니다. 어떻게 보면 조개의 분비물은 조개가 흘린 눈물이라고 할 수 있습니다. 그렇게 오랜 세월 고통 속에서 눈물이 쌓이고 쌓이면서 만들어졌기에, 그토록 아름답고 영롱한 진주가 나옵니다.

그런데 요한계시록을 보면, 천국 들어가는 문이 '진주문'으로 되어 있다고 표현하고 있습니다. 무슨 뜻이겠습니까? 이 세상을 살면서, 시련 속에서 눈물을 많이 흘린 사람이 천국의 진정한 기쁨을 알지 않겠습니까? 눈물을 더 많이 흘린 사람일수록 더 많이 위로를 받고, 눈물 없는 천국에 들어갔을 때 그 기쁨이 더 크지 않겠습니까?

흘린 눈물만큼 하나님의 위로가 있다

우리가 결코 부인할 수 없는 사실이 있습니다. 하나님은 우리가 슬퍼하는 것을 절대로 기뻐하시지 않는다는 점입니다. "주께서 인생으로 고생하게 하시며 근심하게 하심은 본심이 아니시로다"(애 3:33). 자식이 눈물 흘리는 것을 좋아할 부모가 어디 있겠습니까? 그럼에도 부모가 자식이 눈물 흘리는 것을 둔다면, 뭔가 뜻이 있는 겁니다. 그 부모는 정말 독한 뜻을 품고, 자녀를 위해 눈물을 머금고 하지 않으면 안 되는 일일 겁니다.

아이들이 어릴 때 병원에서 예방주사를 맞은 적이 있습니다. 아이는 안 맞겠다고, 아프다고 웁니다. 그럴 때, 아이를 데리고 집으로 돌아가는 부모가 어디 있습니까? 가슴에 안아주면서 "조금만 참아. 괜찮아 아빠한테 기대" 하면서 끝까지 포기하지 않게 만들지 않습니까?

힘들 때 눈물이 나오는 것은 자연스러운 일입니다. 힘들어서 우는네, 하나님은 "아이고 이것도 못 참냐? 약해 빠진 놈" 하면서 우리를 내치지 않으십니다. 오히려 우리를 안아주시면서 "조금만 참으렴" 하고 위로해주시지 않겠습니까? 오히려 센 척하고 아무 일도 없는 듯 행동하는 것이 문제입니다. 아버지 앞에 왔는데 눈물을 참을 필요가 있습니까?

지금까지 지내오면서 저도 많은 눈물 골짜기를 지났습니다. 설교를 준비하면서, 과거에 제가 눈물을 쏟았던 몇 가지 기억이 지금도 생생하게 떠올랐습니다.

미국에서 공부할 때 등록금을 제때에 못 내자 교무처로 불려 갔습니다. 담당자가 이런 이야기를 하더군요. "하나님이 자금까지도 등록금을 안 주시는 거 보니까, 한국으로 돌아가는 것이 하나님의 뜻 같다." 이 말을 듣는데 얼마나 서러웠는지 모릅니다. 차에 가서 한참 울었던 적이 있습니다.

또 미국에서 둘째 아이를 유산했을 때 아내는 수술실로 들어가고, 저는 첫째 아이를 유모차에 태우고 병원 앞에 있는 햄버거 가게에서 저녁으로 햄버거를 먹는데 눈물이 왈칵 쏟아졌습니다. 그렇게 햄버거와 눈물을 함께 삼켰습니다.

그런데 그렇게 눈물을 흘릴 때마다 정말 기가 막힌 하나님의 위로가 있었습니다. 때로는 예수님께서 정말 저를 포근하게 안아주기도 하시고, 어떤 때는 다 뜻이 있어 그러는 거니까 잘 참으라는 음성도 들려주셨습니다. 병원 천장에 아름다운 그림도 그려주시면서 저를 위로하셨습니다. 그런 하나님의 위로가 없었다면 어떻게 제가 복된 자리에 설 수 있었겠습니까?

우리가 삶에 지쳐 눈물 흘릴 때, 하나님은 우리를 그냥 못 본 척하지 않으십니다. 아들의 죽음 앞에서 울고 있는 과부를 향해 울지 말라고 말씀하시던 그 주님이 오늘날에도 동일한 말씀으로 우리를 위로하십니다. 고통과 눈물이 떠날 날이 없는 우리에게 울지 말라고 말씀하십니다.

우리 가운데 고통 중에 있는 분들이 많습니다. 눈물이 떠날 날이 없는 인생을 사는 분도 많습니다. 그러나 저는 분명히 믿습니다. 우리 인생이 비록 초라하고 보잘 것 없지만, 예수 이름 부르면서 주님을 의지하면 그 눈물을 닦아주십니다. 지금 실패의 자리에 있습니까? 가정에 위기가 찾아왔습니까? 병중에 있습니까? 믿었던 사람에게 배신 당했습니까? 그 배후에 하나님의 역사가 있습니다.

눈물을 귀하게 보시는 주님 앞에 나가십시오. 그리고 '울지 말라'는 위로의 음성을 들을 때까지 잠잠히 그분을 바라보십시오. 절대 낙망하지 마십시오. 우리에게는 눈물이 없는 새 하늘과 새 땅이 기다리고 있습니다. 이 좋으신 주님을 바라보며, 슬픔을 바꾸어 노래가 되게 하시는 하나님의 은혜를 경험하는 우리가 되기를 간절히 바랍니다.

그렇게 눈물을 흘릴 때마다 정말 기가 막힌
하나님의 위로가 있었습니다.
때로는 예수님께서 정말 저를
포근하게 안아주기도 하시고,
어떤 때는 다 뜻이 있어 그러는 거니까
잘 참으라는 음성도 들려주셨습니다.
우리가 삶에 지쳐 눈물 흘릴 때,
하나님은 우리를 그냥
못 본 척하지 않으십니다.
우리 인생이 비록 초라하고 보잘 것 없지만,
예수 이름 부르면서 주님을 의지하면
그 눈물을 닦아주십니다.

2부
은혜에
잠기다

4:16 그러므로 우리가 낙심하지 아니하노니 우리의 겉사람은 낡아
지나 우리의 속사람은 날로 새로워지도다 17 우리가 잠시 받는 환
난의 경한 것이 지극히 크고 영원한 영광의 중한 것을 우리에게 이
루게 함이니 18 우리가 주목하는 것은 보이는 것이 아니요 보이
지 않는 것이니 보이는 것은 잠깐이요 보이지 않는 것은 영원함이
라 5:1 만일 땅에 있는 우리의 장막 집이 무너지면 하나님께서 지으
신 집 곧 손으로 지은 것이 아니요 하늘에 있는 영원한 집이 우리에
게 있는 줄 아느니라

고린도후서 4:16~5:1

     은혜는 내일 오지 않는다

06

믿는 자에게
세상이 다르게 보이는 이유

신앙생활하면서 그리스도인이 공통으로 품는 의문이 하나 있습니다. 성경을 보면 하나님이 우리 기도를 다 들어주실 것처럼 말씀하시지만, 실제로는 그렇지 않다는 겁니다. 아무리 기도해도 문제는 그대로인 경우가 많고, 아무리 매달려도 하나님은 잠잠하실 때가 많습니다. '내 마음은 이렇게 간절한데, 왜 내 문제는 그대로인가?' 하나님께 야속한 마음이 들 때가 있습니다.

그러나 하나님은 자녀들의 기도에 반드시 응답하십니다. 응답의 방법에 두 가지 방식이 있는 것을 알아야 합니다. 먼저는 우리가 기도한 대로 들어주시는 방법입니다. 우리 생각대로, 우리가 바랐던 대로 필요를 채워주십니다. 하지만 다른 방법도 있습니다. 우리가 원하는 것을 들어주는 대신에 더 가치 있고, 더 차원 높은 곳으로 눈을 돌리게 하시는 것입니다.

바울은 우리보다 은사도 더 많이 받은 사람이고, 기도하는 것마다 응답을 경험했으며, 수많은 기적도 행한 능력의 사도였습니다. 그러나 사도 바울만큼 다양한 고난을 받았던 사람도 드물었습니다. 고린도후서 4장 8~9절을 보면, 그의 삶이 얼마나 고난의 연속이었는지 짐작해볼 수 있습니다. 그는 핍박을 받아 돌멩이에 맞고, 매도 맞고, 감옥에 가는 것도 밥 먹듯 했습니다. 거꾸러뜨림을 당해 인생이 망한 사람처럼 보이기도 했습니다. 우리 생각에 바울은 하나님이 사랑하는 사람이고 귀하게 사용하시는 종이니까, 그런 일을 당하면 안 되잖아요? 그런데 왜 그런 어려움을 겪게 하셨을까요?

우리도 마찬가지입니다. 아무리 기도해도 문제는 그대로 남아 있고, 아무리 매달려도 고통은 제거되지 않습니다. 그렇다면 성경 말씀은 다 거짓말입니까? 아니면 내 믿음이 가짜였나요? 둘 다 아닙니다. 문제 해결이 안 되었다고 해서 하나님께서 방관하시는 것도 아니고, 내 기도가 응답받지 못했다고 해서 잘못된 기도를 드린 것도 아닙니다. 그렇다면 문제가 그대로 남아 있는 이유는 무엇입니까?

예수를 믿고 나면 달라지는 게 많지만, 진짜 바뀌는 것이 하나 있습니다. 바로 우리의 시각입니다. 예수를 믿는 순간, 하나님은 우리의 관점을 바꾸십니다. 그래서 세상이 보는 시각과 다른 시각으로 모든 것을 보게 하십니다.《잃어버린 시간을 찾아서》라는 책을 쓴 마르셀 프로스트는 이런 이야기를 했습니다. "진정한 발견은 새로운 땅을 찾는 것이 아니라, 이미 있는 것을 새로운 눈으로 바라보는 것이다."

바울은 그리스도인에게 3가지의 새로운 시각이 생긴다고 말씀합니다. 나 자신을 바라보는 시각, 내가 겪는 시련을 바라보는 시각, 세상을 바라보는 시각, 이 세 영역에 대한 새로운 시각이 생기므로 낙심하지 않는다고 합니다.

예수 믿는 자의 관점 1: 속사람이 매력적인 사람

첫째, 나를 바라보는 시각이 바뀝니다.

"우리의 겉사람은 낡아지나 우리의 속사람은 날로 새로워지도다"(고후 4:16). 말 그대로, 나이를 먹어가면서 우리 육신은 마치 텐트처럼 낡아가지만 영적 자아는 새로워진다는 뜻입니다. 이렇게 새로워지는 영적 자아를 볼 줄 알아야 낙심하지 않을 수 있습니다.

여기 '낡아진다'는 말에는, 시들어간다는 뜻이 있습니다. 꽃을 꺾어다가 화병에 꽂아놓으면, 처음에는 파릇파릇하지만 점점 시들어가는 것처럼 우리 몸도 그렇다는 겁니다. 젊을 때에는 물오른 나무처럼 몸에 생기가 넘치고, 피부는 주름 없이 탱탱합니다. 그러나 나이를 먹어감에 따라 피부는 윤기가 없어지고, 주름이 지고, 자꾸 아래로 쳐집니다.

한때는 결혼식 주례를 할 때마다, 고민 아닌 고민을 하곤 했습니다. "내가 신랑보다 더 젊고 멋있게 보이면 어떻게 하나?" 저도 잘나가던 때가 있었습니다. 하지만 나이가 들면서 눈꺼풀이 제 눈을 덮기 시작합니다. 눈꺼풀을 좀 잘라내면 더 젊어 보이니 성형을 하라는 말도 들었습니다.

여성들도 정말 처절하게 피부와의 전쟁을 하죠? 쌍꺼풀 수술도 해보고, 비싼 아이크림을 눈 주위에 바르거나, 시금치 물로 세수도 하고, 날마다 얼굴을 팩으로 도배를 해도, 40대가 넘어서면 '중력의 법칙'을 이기지 못하고 얼굴에 주름이 생기고 피부가 쳐지는 것은 어쩔 수 없습니다.

우리 모두 이 사실을 인정해야 합니다. 겉 사람은 늙습니다. 그런데 성경은 뭐라고 말씀합니까? 나이가 더해갈수록 '속사람'은 더 젊어진다고 합니다. "우리의 속사람"이란 예수 믿는 사람 안에서 새롭게 창조된 사람입니다. 이것을 새사람, 혹은 영의 사람이라고 합니다. 중생한 자아라고도 합니다. 이는 예수 믿는 순간 우리 안에 생성됩니다. 그리고 점점 자라나게 하십니다.

나이를 먹어가면서 영적 풍성함을 누릴 수 있다면, 겉 사람이 좀 쇠해간다고 해서 속상해할 것 하나도 없습니다. 내 겉 사람은 점점 허물어져가도, 내 속 사람은 점점 아름다워갑니다. 이런 눈을 좀 가져야 합니다. 내 젊음이 점점 나를 떠나는 것 같아 서글픈 생각이 들어도, 내 육신의 힘이 점점 약해지고 인생에 대한 기대감이 서서히 사라지는 것 같아도, 나의 속사람은 더욱 강건해지고 있음을 깨달아야 합니다. 그럴 때 낙심하지 않을 수 있습니다.

소나무를 보면 어릴 때는 껍질이 반들반들 합니다. 그러다가 나이가 들면 껍데기가 벗겨지고 송진이 나와 보기가 싫어집니다. 하지만 겉이 반들반들하고 아름답게 보이는 소나무는 속이 약합니다. 나이가 많아져 겉껍질이 벗겨지고 터져나갈 때가 되면, 소나무의 속은 더욱더 알차고 솔잎은 더욱 푸르러집니다. 오랜 세월 주님과 깊은 교제를 해온 성도는, 젊은이는 꿈도 꿀 수 없는 아름답고 깊은 인격의 향기를 풍겨냅니다.

이런 일은 하루아침에 자연스럽게 되는 일이 아닙니다. 그러므로 젊을수록 시간이 가면 허물어져 버릴 것에 지나친 시간과 돈을 투자하는 대신 속사람을 알차게 하는 데 더 신경을 써야 합니다. 나이를 먹어감에 따라 겉 사람은 점점 낡아지더라도, 속사람이 아름다워 매력적인 그런 사람이 되어야 합니다.

예수 믿는 자의 관점 2: 비교 대상이 다른 사람

둘째, 예수를 믿으면 시련을 바라보는 시각이 바뀝니다.

우리가 겪는 시련은 우리를 마냥 고생시키다가 그치는 것이 아니라, 영원한 영광을 이루는 수단임을 알아야 합니다. "우리가 잠시 받는 환난의 경한 것이 지극히 크고 영원한 영광의 중한 것을 우리에게 이루게"(17절) 한다고 말씀합니다. 우리가 현실에서 받는 시련은, 내세의 영광을 얻을 수 있도록 우리를 이끌어주는 수단이 된다고 합니다. 이 말씀에 공감이 됩니까? 솔직히 현실에서 겪는 고통이 어떻게 내세의 영광을 얻게 하는 수단이 됩니까?

우리가 부인할 수 없는 사실이 있습니다. 인간은 본능적으로 편한 것을 좋아합니다. 그래서 편안해지면 거기 안주합니다. 무슨 말인가 하면, 우리에게 환난이 없으면 이 세상이 전부인 줄 알고,

세상에 안주하며 천국은 마음에 두지 않을 수 있습니다.

우리가 몰라서 그렇지, 천국의 영광은 지금 누리는 편안함과는 비교할 수 없을 정도로 좋습니다. 당연히 하나님은 우리에게 더 좋은 것을 주려고 하시지, 덜 좋은 것에 만족해서 거기 머무르게 하실까요? 이렇게 더 좋은 것을 사모하게 하는, 가장 효과 빠른 방법이 환난을 주시는 겁니다.

바울은 낙담할 만한 일이 참 많았습니다. 일생 동안 떠나지 않는 병도 있었고, 가는 곳마다 끊임없는 핍박과 환난의 고통들이 그를 기다렸습니다. 그러나 그는 낙심하지 않았습니다. 바울이 받는 고통은 천국의 영광을 소망하게 만들었기 때문입니다.

그런데 이렇게 현실에서 겪는 환난은 일시적이고 그렇게 무겁지 않다는 말이 불편하게 다가오는 분이 있습니다. "내가 지금 당한 환난을 겪어보지 않아서 그런 말을 하지요. 한번 당해보세요. 그런 말이 나오나?"

맞습니다. 이 세상에 '가벼운' 환난이 어디 있습니까? 바울이 당했던 일들이 가벼운 일이었습니까? 엄청 무겁고 견디기 힘든 것들이었습니다. 그러나 바울이 잠깐이요, 가볍다고 한 이유는 그 마음속에 전혀 다른 비교 대상이 있었기 때문입니다.

그는 모든 고난을 무엇과 비교했습니까? 영원한 천국의 영광과 비교했습니다. 그랬더니 현재 당하는 고통이 아무것도 아니고, 금방 지나가는 것임을 알게 되었습니다. 그래서 바울은 환난 앞에서도 낙심하지 않았습니다.

밀레가 그린 만종이라는 그림이 있습니다. 두 농부가 하루 일을 마치고 경건하게 머리 숙여 기도하는 그림입니다. 기도하는 모습만으로는 이 그림의 진짜 의미를 파악하기 어렵습니다. 그러나 붉게 물들어 있는 저녁 하늘, 추수 중인 넓은 들판, 그리고 일하다가 잠시 놓아둔 기구들을 보며 우리는 농부들이 드린 기도의 의미를 알게 됩니다.

마찬가지로 바울처럼 영원한 천국의 영광을 배경으로 놓고 현재 나의 고통을 본다면, 내가 겪는 환난 때문에 낙심하는 일은 없을 겁니다. 그렇습니다. 만약 이 세상이 전부라면, 우리가 살아가면서 당하는 고통이 얼마나 견디기 힘들겠습니까? 그러나 그리스도인에게는 확실한 미래의 소망이 있습니다. 그래서 고통을 바라보는 시각이 다를 수밖에 없습니다.

하나님은 지혜로운 분입니다. 기도해도 우리의 현실적인 문제를 다 제거하지 않고 그대로 남겨 놓으실 때가 있습니다. 이것은 나를 사랑하시지 않기 때문이 아니고, 더 좋은 것을 바라보게 하기 위해서입니다. 만약 하나님이 고통을 남겨놓지 않으셨다면, 아마 예수를 믿지 않았을지도 모릅니다. 그러나 그 문제를 남겨 놓으셨기 때문에 우리 믿음이 금강석처럼 단단해지는 겁니다. 내 눈이 열려 천국의 영광을 보게 되는 겁니다.

은행 잔고에 바닥이 보입니까? 건강에 이상신호가 왔나요? 우리가 당하는 시련은 우리를 천국으로 이끌어주는 인도자입니다. 저도 죽을병을 앓아보았고, 가난도 경험했고, 수많은 인생의 시련들을 겪어보았습니다. 하지만 저는 고백할 수 있습니다. 그런 아픔들이 아니었다면, 저는 아마도 천국의 영광을 사모하지 않았을 것 같습니다. 그런 경험이 없었다면 이렇게 설교도 할 수 없었을 것입니다.

시련 앞에서 낙심하지 맙시다. 시련의 시간은 그다지 길지 않습니다. 인내로 영혼을 지키십시오. 그리고 그 시련의 시간 속에서 마음을 천국의 영광과 기쁨으로 가득 채우십시오.

예수 믿는 자의 관점 3: 거룩한 배짱으로 사는 자유인

셋째, 예수를 믿으면 보이지 않는 것을 볼 수 있게 됩니다. 영어 성경은 18절을 이렇게 옮깁니다. "우리의 시선은 보이는 것에 고정되어 있지 않고, 보이지 않는 것에 고정되어 있습니다"(NIV).

우리가 인생을 살면서 낙심하는 이유가 주로 무엇 때문입니까? 눈에 보이는 것들 때문입니다. 아무리 애를 써도 내 뜻대로 돌아가지 않는 인생의 문제들 때문에, 내가 고생한 만큼 다 누리지 못하는 아쉬움 때문에 우리는 낙심합니다.

사탄은 예수님을 유혹했을 때처럼 지금도 우리를 유혹합니다. 천하만국의 영광을 자주자주 우리 눈앞에 가져다놓습니다. 눈에 보이는 것들, 세상에서 누리고 싶은 것들을 눈앞에 자꾸 갖다놓으면서 우리 시선을 빼앗아갑니다. 그러나 성경은 어떻게 말씀합니까? 보이는 것은 잠깐이고, 보이지 않는 것은 영원하다고 합니다. 그러니까 거기에 현혹되지 말라고 합니다.

18절에서 "우리가 주목하는 것"이라고 했는데, 이 말의 원어는 단순히 쳐다본다는 뜻이 아닙니다. 주의 깊게, 눈동자를 고정하고 유심히 찾는 것을 말합니다. 그러니까 마치 항해하는 선원들이 야밤중에 등대 불을 발견하기 위해, 배에 있는 불을 다 꺼서 빛이 없게 하고, 눈 위에 손을 얹고 앞을 유심히 살피는 것과 같은 태도를 말합니다.

사실 천국이 그렇습니다. 천국은 우리 눈에 보이지 않습니다. 그래서 사람들은 천국이 어디 있느냐고 쉽게 말합니다. 하지만 현실 세계에서 보이지 않는 것, 영원한 천국을 보려면 이렇게 믿음의 눈을 예리하게 뜨고, 주변에 현란하게 움직이는 현실의 빛들을 차단하고 유심히 살펴야 합니다. 마음의 눈을 열고 주의 깊게 보아야 합니다. 그럴 때 드디어 "아, 세상의 어떤 좋은 것과도 비교할 수 없는 영광이 나를 기다리고 있구나!" 하는 것을 알게 됩니다.

이 시간 진지하게 자신을 돌아볼 수 있기를 바랍니다. 우리는 지금 무엇에 시선을 빼앗기고 있습니까? 무엇 때문에 바쁩니까? 무엇을 그렇게 열심히 쫓아가고 있습니까? 잠시 멈추어 서서 자신을 돌아볼 수 있기를 바랍니다.

여러분은 천국이 있다는 것을 믿습니까? 보이지 않는 것이 영원하다는 것을 진짜 믿습니까? 그렇다면 비록 좋은 집을 못 가져도, 남들이 부러워하는 자리에 앉지 못해도, 남들처럼 갖추고 살지 않아도, '다 지나가는 것, 그런 게 뭐 그리 대단하냐? 나에겐 영원한 천국이 있다' 이런 배짱으로 살 수 있습니다.

인디언들은 말을 타고 열심히 달리다가, 높은 언덕을 만나면 잠시 멈추어 섰다고 합니다. 너무 빨리 달리다 보니 자기 영혼이 미처 따라오지 못했을까 봐, 그 영혼을 기다려준다는 겁니다. 골방이든, 넓게 트인 들판이든, 직장 사무실이든 어디든 좋습니다. 시간을 내서 번잡한 일상생활 속에서 잃어버린 영적 감각을 되찾고자 자주자주 자신을 돌아보아야 합니다.

제가 미국에서 유학할 때, 돈을 많이 벌어 수영장 딸린 저택에 사는 한인들을 여러 명 보았습니다. 가끔씩 식사 초대를 받아 거기 가면, 저녁을 먹은 후 소위 '밥값'을 내야 했습니다. 즉, 큰 집을 구경하면서 그분들 자랑하는 이야기를 들어주는 일이었습니다. 하지만 저는 정말 하나도 안 부러웠습니다. 공부 마치면 한국으로 돌아갈 것이기 때문이었습니다.

여러분은 강남이나 분당의 비싼 아파트에 사는 분들이 부러우세요? 세상 사람에게는 어느 동네에 사느냐, 어떤 차를 타느냐가 중요할지 몰라도 그리스도인에게는 그런 것들이 관심의 대상이 되지 못합니다. 중요한 것은 미래에 대한 소망이 있느냐 없느냐 하는 겁니다.

소망 없는 사람은 이 세상 삶으로 끝입니다. 모든 것을 다 가졌어도 시간이 가면 다 사라지는데, 허무함밖에 뭐가 더 남겠습니까? 당장 눈에 보이는 것에 집중하다가, 나중에 그것이 아무것도 아님을 알게 되었을 때 얼마나 절망이 되겠습니까? 그래서 하나님은 자녀들에게 곧 없어질 것은 차라리 덜 주고, 그로 인해 영원한 것, 없어지지 않는 것, 거기에 눈을 뜨게 만드십니다. 얼마나 지혜로우십니까? 얼마나 감사합니까? 얼마나 좋으신 분입니까? 우리가 어딘한 것에 속지 않게 하시려고 그리시는 겁니다.

사업이 계획했던 대로 잘 안 돼서, 자녀들이 생각대로 안 자라줘서 지금 힘든 시간을 보내고 있습니까? 나의 겉 사람이 점점 낡아가는 것을 보며 인생의 허무를 느낍니까? 겉 사람만 보지 말

————

고, 속사람을 보아야 합니다. 내 속사람이 날마다 강건해지고 있음을 기억하기 바랍니다.

이어령의 《짧은 이야기, 긴 생각》이라는 책에 나오는 이야기입니다. 어느 시인이 한국에는 '그래도'라는 섬이 있다고 우겼습니다. 물론 우리나라에 있는 섬 3,358개 중에 '그래도'라는 이름의 섬은 어디에도 없습니다. 그런데도 시인은 말했습니다. 불행한 일이 있을 때, 살기 힘들 때, 절망할 때, 자신의 꿈과 소망이 산산조각이 나도, 새로운 긍정을 만드는 섬이 있다고 말이지요. 그것이 '그래도'라는 섬입니다.

가난하고 어렵고 험한 역사 속에서도, '그래도'라는 섬 덕택에 시련을 이겨온 우리입니다. 절망이 앞을 가리고 외로움이 나를 가두어도 거센 폭풍이 불어와도 말하세요.

"그래도 나는 살아 있다!"

눈에 보이는 것들은 잠깐입니다. 우리에게는 비교할 수 없는 영원한 고향이 있습니다. 이 세상의 삶이 다하는 날, 우리는 장차 천국에 들어갑니다. 더 이상 눈물도 없고, 고통도 없고, 낙심할 일이 전혀 없는, 그 영광의 나라에 들어가는 순간을 머릿속으로 그려보기 바랍니다. 새 힘이 솟아날 것입니다. 이 축복이 우리 것입니다. 날마다 천국을 바라보며 그리스도인으로서 긍지와 자부심을 가지고, 감사 찬송하며 살아갑시다.

13 이에 보아스가 룻을 맞이하여 아내로 삼고 그에게 들어갔더니 여호와께서 그에게 임신하게 하시므로 그가 아들을 낳은지라 14 여인들이 나오미에게 이르되 찬송할지로다 여호와께서 오늘 네게 기업 무를 자가 없게 하지 아니하셨도다 이 아이의 이름이 이스라엘 중에 유명하게 되기를 원하노라 15 이는 네 생명의 회복자이며 네 노년의 봉양자라 곧 너를 사랑하며 일곱 아들보다 귀한 네 며느리가 낳은 자로다 하니라

룻기 4:13~15

은혜는 내일 오지 않는다

07

처음보다 끝이 좋은 사람

"외국 나가서 한번 살아볼까?"

한국 사람이라면 누구나 한번쯤 이런 생각을 합니다. 자녀교육 문제로, 혹은 사업에 실패했거나 직장을 잃었거나 계획했던 대로 인생이 풀리지 않을 때, 이런 뜬금없는 생각이 듭니다. '아메리칸 드림'이라는 말처럼, 많은 한국인이 미국이나 선진국으로 이민의 길을 떠나기도 했습니다.

오늘 본문의 배경이 되는 사사시대에 모압이라는 나라는 중동 근방에서 오늘날의 미국과 같은 꿈을 꾸게 하는 나라였습니다. 모든 것이 풍족했고, 무엇보다 땅이 비옥했습니다. 모압은 이스라엘 백성에게 기회의 땅으로 보였습니다. 말하자면 이스라엘 백성의 뇌리 속에는 '모압 드림'이 있었습니다.

룻기에는 한 집안이 등장합니다. 엘리멜렉이라는 가장과 나오미라는 아내 그리고 말론과 기룐이라는 두 아들로 구성된 가족입니다. 그런데 어느 날 그들이 살던 동네, 베들레헴에 흉년이 듭니다. 가장 엘리멜렉은 삶에 찾아오는 궁핍의 시간을 견디기 힘들었는지, 식구들을 다 데리고, 평소 동경하던 땅 모압으로 이민을 감행합니다. 모압에 가면 인생의 대반전을 꾀할 수 있으리라는 기대를 품고 그는 미련 없이 베들레헴을 떠납니다.

잘못된 선택으로 인생이 망가졌을 때

엘리멜렉의 고향 '베들레헴'에는 '떡집'이라는 의미가 있습니다. 그만큼 비옥한 땅이었고, 하나님께서 허락하신 약속의 땅이었습니다. 그런데 그 땅에 흉년이 찾아오자 엘리멜렉은 고난을 피해 베들레헴을 떠나 아예 이방 땅 모압으로 거주지를 옮깁니다. 이것은 단지 여기에서 저기로 이사갔다, 장소를 옮겼다는 뜻이 아닙니다. 약속의 땅을 떠난 겁니다. 신앙을 포기하고 눈에 보기 좋은 곳으로, 당장 살기 편한 곳으로 떠납니다.

모압에 온 후 몇 년이나 지났을까요? 엘리멜렉이 죽고, 10년 후 두 아들도 갑작스레 죽습니다. 엘리멜렉의 아내 나오미와 두 며느리, 이렇게 3명의 과부만 덩그러니 남습니다. 사실 따지고 보면, 이들은 하나같이 한번 잘살아보겠다고 몸부림쳤던 사람들입니다. 정든 고향을 떠나 낯선 땅으로 이민 간다는 것이 어디 보통 일입니까?

그런데 기둥 같은 세 남자가 줄줄이 세상을 떠나고 말았으니 모압으로 내려갈 때에 품었던 실낱같은 희망도 물거품이 되고 재기의 발판조차도 박탈당하고 이젠 어떤 희망도 찾기 힘든 상태가 됩니다. 이렇게 어둡고 침울한 배경에서 룻기는 시작됩니다.

자, 베들레헴이라는 떡집에, 젖과 꿀이 흐르는 축복의 땅에 흉년이 찾아왔습니다. 말하자면 떡집에 떡이 없는 겁니다. 정말 있을 수 없는 일이 일어났습니다. 어떻게 하나님의 백성이 사는, 하나님이 약속하신 땅에 흉년이 들 수 있습니까?

하지만 룻기는 이런 어둡고 침침한 분위기에서 놀라운 반전을 향해 이야기를 전개합니다. 룻기를 보며 깨닫는 소중한 진실 하나는, 그리스도인이라고 해서 시련이 비켜가지 않는다는 겁니다. 룻기는 어떻게 하면 시련을 피할 수 있는가를 이야기하지 않습니다. 대신 그 시련 앞에서 어떤 반응을 보여야 하는가? 여기에 초점을 맞추고 있습니다.

시련 중에 주어지는 말씀

시련을 당할 때 우리는 대개 어떤 반응을 보입니까? 이 시간이 어서 빨리 지나가게 해달라고 기도합니다. 물론 잘못된 기도는 아닙니다. 그러나 정말 성숙한 믿음을 가졌다면, 그 시련이 끝나길 기도하기 전에, 왜 나에게 이런 시련이 찾아왔는가를 먼저 묻고, 내게 무슨 말씀을 하길 원하시는지 깊이 살필 겁니다.

하지만 엘리멜렉은 이 시련이 왜 나에게 찾아왔는가를 묻는 대신 두 가지 잘못된 반응을 합니다.

먼저, 현실 도피를 했습니다. 사실 베들레헴에 괜히 흉년이 든 것이 아닙니다. 저자는 1장 1절에서 흉년이 든 원인을 이렇게 암시합니다. "사사들이 치리하던 때에." 성경 저자는 이 말을 통해 당시 상황을 이야기하려고 했습니다. 알다시피 사사 시대는 하나님의 말씀을 외면하고 자기 멋대로, 자기 눈에 보기 좋은 대로 행하던 때였습니다. 그래서 유대 땅에 죄가 가득했습니다. 하나님께서 흉년을 주신 이유는 자신을 살펴 회개하고 하나님께로 다시 돌아오라는 사인이었습니다.

그러나 엘리멜렉은 이런 시련을 만나자 회개의 자리로 나아가지 않고 오히려 도망가버립니다. 1장 1절을 봅니다. "… 유다 베들레헴에 한 사람이 그의 아내와 두 아들을 데리고 모압 지방에 가서 거류하였는데." 새번역이나 영어 성경(NIV)을 보면, "모압 지방으로 가서 임시로 살려고"(went to live for a while in the country of Moab) 갔다고 기록합니다.

그러니까 엘리멜렉은 특별한 목적이 있어서 정식으로 이민을 준비해서 간 것이 아니라, 당장 눈앞에 펼쳐진 흉년이라는 현실을 피하기 위해, 잠깐 모압이라는 나라로 도피한 것입니다. 이렇듯 시련을 만났을 때 사람들이 취할 수 있는 가장 손쉬운 방법은 도피하는 겁니다. 그러나 이 일이 문제를 해결하는 수단이 될 수는 없습니다.

오늘날 많은 사람이 고통스러운 현실을 잊어보려고 술, 마약, 도박, 성 중독에 빠집니다. 심지어 우리나라에서는 날마다 36명이 자살로 목숨을 마감합니다. 그렇게 해서라도 현실의 고통을 피하고 싶은 겁니다. 하지만 그런다고 고통이 해결됩니까? 인생은 고

은혜는 내일 오지 않는다

통의 연속입니다. 고통이 없다면 인생이 아닙니다. 공동묘지에 가보세요. 얼마나 평화롭습니까? 거기에는 미움도 경쟁도, 외로움도 시련도 없습니다. 살아있기에 고통도 있습니다.

그리스도인도 항상 고통을 만납니다. 그러므로 인생에 고통이 찾아올 때 무조건 피하려고만 해서는 안 됩니다. 오히려 그 속에서 하나님께서 무슨 말씀을 하시는지 듣고자 해야 합니다. 엘리멜렉은 어떻게 해서라도 고향 땅에 머물러 있어야 했습니다.

두 번째 잘못된 반응은 바로 궤도 이탈을 한 일입니다. 엘리멜렉은 흉년을 피해 모압이라는 곳으로 도망갔다고 말씀드렸습니다. 그런데 그의 생각이 짧았습니다. 아무리 다급해도 모압은 하나님 백성이 가서는 안 되는 곳이었습니다. 모압은 하나님께 저주받은 민족이었습니다. "암몬 사람과 모압 사람은 여호와의 총회에 들어오지 못하리니 그들에게 속한 자는 십 대뿐 아니라 영원히 여호와의 총회에 들어오지 못하리라 … 네 평생에 그들의 평안함과 형통함을 영원히 구하지 말지니라"(신 23:3, 6).

모압 민족은 이스라엘 백성이 출애굽해서 광야에서 굶주림을 겪을 때 냉대했고, 또한 발람이라는 거짓 선지자를 동원해 이스라엘을 저주하려 했던 민족이었습니다. 그런데도 엘리멜렉은 왜 하나님이 금하시는 땅에 갔을까요?

당시 모압 지방은 강수량이 풍부해서 풀과 곡식이 잘 자라는 비옥한 땅이었습니다. 엘리멜렉의 눈에는 모압 땅이 베들레헴과는 완전히 다른 모습으로 보였을 겁니다. 마치 롯이 소돔과 고모라 땅을 바라볼 때 여호와의 동산 같아 보여 주저 없이 그 땅을 선택했던 것처럼, 엘리멜렉은 눈에 보기 좋은 대로 모압을 선택해 나아갔습니다.

말씀 안에 머무는 삶을 선택하라

사실 인간은 본능적으로 고통당하는 것을 좋아하지 않습니다. 그래서 고통이 찾아오면 어떤 식으로든 쉽게, 그리고 빨리 고통을 벗어나려고 합니다. 그러다 보면 하나님의 백성답지 못한 방법을 취할 때가 있습니다. 다윗이 사울왕에게 쫓길 때도 보십시오. 급하니까 블레셋 지방으로 도망칩니다. 블레셋이 이스라엘의 적이니까, 적의 수중으로 들어가면 사울이 못 쫓아올 거라고 생각한 것입니다. 그렇게 해서 잠시 사울의 손은 벗어납니다. 하지만 그곳은 다윗이 있어서는 안 될 곳이었습니다. 결국, 그곳에서 죽을 고생을 하지 않습니까?

시련을 겪을 때, 아무리 힘들어도 믿음의 자리를 이탈하지 말아야 합니다. '이 방법을 취하면 문제를 쉽게 해결할 수 있는데, 더 많은 이익을 볼 수 있는데, 내가 왜 흉년이 깃든 이런 땅에 머물러야 하느냐?' 이렇게 생각하면서 세상으로 뛰쳐나가지 말아야 합니다. 엘리멜렉은 자기 나름대로는 최상의 선택을 했다고 생각했지만, 그의 잘못된 선택은 자신은 물론이고 자녀들까지도 몰락하게 하는 결정적인 패착이 되고 말았습니다.

우리 집 아이들이 어릴 때, 열대어를 키우고 싶어 해서, 자그마한 어항을 사다가 열댓 마리를 키운 적이 있습니다. 하루는 아침에 일어나 보니, 열대어들이 밤새 어항 밖으로 튀어나와서 방바닥에 드러누워 죽어 있었습니다. 물 밖으로 뛰쳐나오는 용기는 가상했지만 그건 자유가 아니고 떼죽음이었습니다. 궤도를 이탈한 결과가 그러했습니다.

가끔 열차가 탈선하면 큰 사고로 이어집니다. 열차는 선로 위를 달려야 합니다. 열차가 선로를 이탈하면 자유는커녕 죽음이 기다립니다.

제가 사람들에게 많이 듣는 질문 중 하나가, "하나님께서는 왜 에덴동산에 선악과를 만들어 놓으셨는가?"입니다. 그게 아니었다면 아담이 죄 지을 일도 없었을 것 아닌가 묻습니다. 선악과는 하나님이 지으신 창조 세계가 어떠할 때 완전한 조화를 이루는지를 보여주는 상징물입니다. 하나님이 명령하시고 피조물은 그 명령에 순종합니다. 그 결과 완전한 창조 세계가 됩니다. 따라서 아담과 하와가 그 나무를 볼 때마다 "아, 우리는 하나님의 말씀 안에 있어야 행복할 수 있어!" 이 진실을 떠올리며 잊지 말라는 뜻이었습니다.

인간은 자꾸 물 밖으로 나가려고 합니다. 그러나 하나님의 품을 떠난 인간에게 찾아오는 것은 죽음밖에 없습니다. 아무리 현실이 힘들고 믿음 안에 머무는 것이 답답해도, 말씀 안에 머무는 삶을 선택할 수 있기를 바랍니다.

반전 있는 인생의 비결

룻기 이야기는 여기서 끝나지 않습니다. 비록 잘못된 선택으로 엘리멜렉의 집안은 안타깝게도 몰락의 길을 걸었지만, 하나님께서 대반전의 은혜를 베푸십니다. "그 여인이 모압 지방에서 여호와께서 자기 백성을 돌보시사 그들에게 양식을 주셨다 함을 듣고 이에 두 며느리와 함께 일어나 모압 지방에서 돌아오려 하여"(6).

나오미는 무엇 때문에 베들레헴으로 돌아오려 합니까? 그는 흉년이 걷히고 하나님께서 그의 백성에게 양식을 주셨다는 소문을 들었습니다. 더 정확하게는, 하나님께서 양식을 주셨다는 소문과 함께 들려오는 '돌아오라'는 하나님 음성을 들었기 때문입니다.

"돌아오라"는 말씀에 해당하는 히브리 단어는 '슈브'인데 룻기 1장에서 자그마치 12번이나 반복되고 있습니다. 이는 "네가 머무를 곳은 모압이 아니라 약속의 땅 베들레헴"이라는 음성이었습니다. 들릴 듯 말 듯 바람결에 실려 들려오는 소리였지만, 나오미에게는 그 음성이 얼마나 강력했던지, 돌아가봐야 반겨줄 사람도 없었지만 고향을 향해 발걸음을 옮깁니다.

나오미는 어떻게 하나님의 음성을 들을 수 있었을까요? 비록 약속의 땅을 떠났어도 그는 하나님의 백성이었기 때문입니다. "내 양은 내 음성을 들으며 나는 그들을 알며 그들은 나를 따르느니라"(요 10:27). 내가 하나님의 자녀라면, 심령에 분명히 하나님께서 음성을 들려주십니다. 특별히 절망적인 상황에 부닥치면 그 음성은 더욱 선명해집니다. 만일 모압 땅에서 남편도 죽지 않고, 아들들도 살아남아 승승장구했더라면 그 음성을 영영 들을 수 없었을지도 모릅니다. 하지만 절망적인 현실을 만난 덕분에 나오미는 하나님을 깊이 인식했습니다.

그렇습니다. 예수를 믿어 하나님의 자녀가 된 사람들은, 그 마음에 반드시 하나님의 음성이 들려오게 되어 있습니다. 비록 믿음의 길을 잠시 벗어났더라도 하나님께서는 자기 백성을 향한 사랑의 끈을 놓지 않으십니다. 그리고 반드시 또 한번의 기회를 주십니다. 잠시 잠깐 고통스러운 현실에 눈이 멀어 제대로 대처하지 못해 절망적인 상황에 빠질 때도 있지만, 하나님은 그 허물을 탓하지 않으시고 다시 회복될 기회를 주십니다.

지금 실패의 자리에 서 있습니까? 가정이 깨어질 지경에 처했습니까? 사업이 위태롭습니까? 그 시련을 통해 하나님의 백성에게 들려주시는 음성이 분명히 있습니다. 고향으로 돌아오라는, 하나님의 품으로 다시 돌아오면 회복시켜주신다는 음성입니다.

룻기는 절망과 실패의 이야기로 시작됩니다. 1장 3절에서 나오미의 남편 엘리멜렉이 죽고, 5절에서는 두 아들 말론과 기룐이 죽습니다. 그런데 지금 살펴보는 본문 4장에 이르러 오벳이라는 새로운 생명이 탄생하며 룻기는 끝납니다. 단절되고 망한 것처럼 여겨진 자리에서 하나님이 뒤집으시는 역사가 일어납니다. 장례식으로 시작했다가, 혼인 잔치와 출산 잔치로 끝납니다.

고향으로 돌아올 때 나오미는 이렇게 고백했습니다. "나를 나오미라 부르지 말고 나를 마라라 부르라 이는 전능자가 나를 심히 괴롭게 하셨음이니라. 내가 풍족하게 나갔더니 여호와께서 내게 비어 돌아오게 하셨느니라"(1:20~21).

이렇게 참담한 고백을 했던 나오미였는데, 4장에서는 여인들과 함께 하나님의 풍성한 은혜를 찬양합니다. "여인들이 나오미에게 이르되 찬송할지로다 여호와께서 오늘 네게 기업 무를 자가 없게 하지 아니하셨도다 이 아이의 이름이 이스라엘 중에 유명하게 되기를 원하노라"(4:14).

　얼마나 놀라운 대반전입니까? 한 사람의 판단 착오로 시작된 궤도 이탈은, 한 가정을 철저한 몰락의 길로 이끌었습니다. 그러나 놀랍게도 하나님은 그 비참한 실패의 자리에서 실패한 사람들을 통하여 일하기 시작하십니다.

　룻기의 핵심 단어는 헤세드, 즉 하나님의 은혜입니다. 헤세드 은혜는 하나님이 주도하시는 은혜요, 하나님의 신실하심으로 유지되는 은혜입니다. 한번 붙드시면 절대 포기하지 않으시는 언약의 은혜입니다. 그 하나님의 은혜가, 절벽 아래 떨어져 있던 이방 여인 룻을, 하나님의 백성 되게 했습니다. 그리고 보아스를 만나 장차 예수 그리스도가 자신을 통해 태어나는 영광을 누리게 되었습니다. 그 하나님의 은혜는 오늘도 우리를 향하고 있습니다.

회개할 수 있을 때 돌이키라

2016년에 제 마음을 참 힘들게 한 사건이 하나 있었는데, 어느 청소년 선교단체를 이끄는 잘 알려진 목사 한 명이 어떤 여고생과 강제로 성관계를 맺었다가 탄로가 나서 선교단체 대표직에서 물러나고 교단에서는 목사 면직을 당하는 일이 발생했습니다.

　그런데 이 일이 왜 그렇게 큰 충격으로 다가왔는가 하면, 그는 다윗처럼 어쩌다 한번 실수한 것이 아니라 한 자매와 4년 동안이나 강압적으로 관계를 맺어왔기 때문이었습니다.

분명히 하나님께서 그의 양심에, 설교할 때든지 말씀을 읽을 때든지, "너, 그러면 안 된다!"라고 말씀하셨을 텐데, 결국 돌아오라는 하나님 음성에 귀를 막은 겁니다. 그런 일이 드러나기 한 달 전에라도, 정말 하나님 앞에 눈물로 회개하고 자매를 찾아가 용서를 구하며 돌아갈 기회를 붙잡았더라면 저렇게 비참하게 몰락하지는 않았을 겁니다.

왜 그는 회개할 기회를 얻지 못했을까요? 너무 오랫동안 죄 가운데 머물다 보니, 하나님 음성이 들리지 않을 정도로 양심이 굳어져 버린 겁니다. 분명히 하나님은 말씀하시는데, 그 음성이 들리지 않습니다. 저도 목사이기에 그 뉴스를 보면서, 나는 과연 양심이 어두워지지 않았는가? 나는 하나님 말씀을 날마다 들으며 회개의 자리로 나아가고 있는가 위기의식이 들었습니다.

우리가 무심하게 내뱉는 거짓말, 생각 없이 퍼붓는 욕설, 쾌락을 좇는 탐욕 어린 눈, 이런 것들이 별것 아닌 것 같아도, 계속 쌓이게 되면 양심이 무디어지고, 그러면 하나님 음성이 들려와도 듣지 못하는 상태가 됩니다. 그래서 회개는 지금 하는 겁니다. 뒤로 미루면 회개할 기회를 잃어버립니다.

그리스 신화에 보면, 상반신은 아름다운 여성이고 하반신은 새의 형상을 한 사이렌이라는 바다 괴물이 나옵니다. 이 괴물은 아주 매혹적인 노랫소리로 뱃사람을 유혹한 후에 배를 난파시켰습니다. 그리스의 영웅 오디세우스는 그 해역을 지나면서 자기 몸은 돛대에 묶고, 부하들의 귀는 밀랍으로 막습니다. 드디어 사이렌이 뱃사람들을 유혹하기 시작하자, 오디세우스는 그 즉시 노래로 대항하여 무사히 그 해역을 통과합니다. 그러자 오디세우스를 유혹하는 데 실패한 사이렌은, 자존심이 상해 스스로 바위에 몸을 던져 자살하고 맙니다.

여러분은 지금 어떤 길을 걸어가고 있습니까? 어디서 출발하여 어디를 향해 나아가고 있습니까? 혹시 엘리멜렉처럼 베들레헴을 떠나 모압으로 발을 옮기고 있지는 않습니까? 나오미나 룻처럼 모압에서 베들레헴으로 향하길 바랍니다. 비록 나오미처럼 베들레헴을 떠난 상태일지라도, 그래서 모든 것을 다 잃어버리고 수치를 당하는 자리에 있더라도, 다시 베들레헴으로 유턴하는 주인공이 될 수 있기를 축원합니다.

기독교는 반전의 종교입니다. 어두움 가운데 빛이 비치고, 사막에서 샘이 솟고, 생리가 끊어진 사라의 몸에서 아기가 태어나고, 아골 골짜기의 해골들이 큰 군대를 이루고, 옥중에서 찬송하고, 죽은 지 나흘이나 지난 무덤 앞에서 나사로야 나오라고 외치는 종교입니다.

저는 확신합니다. 이방 여인 룻이 그랬던 것처럼, 남편과 자식을 모두 잃은 나오미가 그랬던 것처럼, 이런저런 실수와 판단 착오로 시련의 자리에 빠져 있는 분들을 은혜와 회복의 하나님께서 다시 소생시키실 줄 믿습니다.

그러기 위해서는 조건이 하나 있습니다. 돌이켜야 합니다. 문제를 피해가려고 하지만 말고, 쉽게쉽게 문제를 해결하려고 하지 말고, 우리를 사랑하시되 끝까지 사랑하시는 헤세드 하나님께 나시 엎드려야 합니다. 하나님은 아들을 희생하면서까지 우리를 용서하셨습니다. 그리고 지금도 돌아오기를 기다리고 계십니다.

이제 돌아오라는 하나님 음성을 듣고, 우리의 욕망과 실수,

판단착오를 하나님 앞에 인정하고, 내가 저질러 놓은 무질서하고 혼미한 상황을 다시 한번 하나님 앞에 올려드리며 눈물로 회개하고, 우리의 연약함을 고백하며 나아간다면, 하나님은 우리를 용서하시고 또다시 기회를 주십니다. 잘못된 우리 행실을 돌이킵시다. 그렇게 할 때, 우리의 실패까지도 선으로 바꾸어주십니다. 이런 반전의 은혜를 경험하게 되길 바랍니다.

1 [성전에 올라가는 노래] 내가 산을 향하여 눈을 들리라 나의 도움이 어디서 올까 2 나의 도움은 천지를 지으신 여호와에게서로다 3 여호와께서 너를 실족하지 아니하게 하시며 너를 지키시는 이가 졸지 아니하시리로다 4 이스라엘을 지키시는 이는 졸지도 아니하시고 주무시지도 아니하시리로다 5 여호와는 너를 지키시는 이시라 여호와께서 네 오른쪽에서 네 그늘이 되시나니 6 낮의 해가 너를 상하게 하지 아니하며 밤의 달도 너를 해치지 아니하리로다 7 여호와께서 너를 지켜 모든 환난을 면하게 하시며 또 네 영혼을 지키시리로다 8 여호와께서 너의 출입을 지금부터 영원까지 지키시리로다

시편 121:1~8

은혜는 내일 오지 않는다

하나님이
나의 관점을 바구실 때

최근에 어떤 블로그에서 "아이가 행복하면 부모의 불안지수가 올
라간다"라는 글을 보았습니다. 아이가 행복하면 부모는 당연히
기뻐해야 마땅한데, 이게 무슨 이야기인가 봤더니 자녀가 그날 정
해진 분량의 공부를 다 하지 않고, 자기 하고 싶은 것을 하면서 행
복해하는 모습을 보면 부모는 자기도 모르게 불안해진다는 겁니
다. 아마 어릴 때부터 과도한 경쟁구도 속에서 자라다 보니, 부모
마음에는 항상 불안감이 떠나지 않는 것 같습니다.

신문이나 방송에서 보는 뉴스는 대부분 마음을 어둡게 하는
이야기입니다. 실업률이 몇 년 만에 최고치를 경신했다, 물가가
뛴다, 음주운전으로 전도유망한 젊은이가 세상을 떠났다, 공사장
건물이 무너져 몇 사람이 죽었다… 이런 뉴스를 들으면, 남의 일
같지 않아 불안합니다.

정치인끼리 밤낮 싸우는 모습을 보면, 산적한 문제가 이렇게 많은데 어떻게 하려고 저러나 불안한 마음이 가득해집니다. 국제 정세는 또 어떻습니까? 미국과 중국이 경제 전쟁을 시작하고, 여기에 편승해 일본도 수출 규제를 시작했습니다. 북한은 핵 회담을 유리하게 이끌려고 연일 미사일을 쏘아댑니다.

개인적으로도 마찬가지입니다. 사업이 자금난에 허덕이고, 불현듯 고통스러운 질병이 찾아오고, 가정이 깨질 위기에 처하고, 실직되어 새로운 직장을 찾아보지만 마땅한 곳이 없어 고민하는 사람이 얼마나 많습니까?

이처럼 우리가 살아가는 하루하루의 삶은 참 버겁습니다. 이렇게 여러 염려에 사로잡힐 때, 나도 모르게 입에서 한숨과 함께 "누구 도와줄 사람 없어요?" 하는 탄식이 터져나옵니다.

믿음은 시선의 싸움이다

본문의 시편 기자에게서도 이런 불안한 마음을 엿볼 수 있습니다. 시편 121편에는 "성전에 올라가는 노래"라는 부제가 붙어 있습니다. 이 시편은 예루살렘을 향해 순례 길에 오른 한 시인의 고백입니다. 어디에서 이 여정이 시작되었는지는 모르겠지만, 본문의 고백을 듣더라도 그 길이 그리 녹록하지는 않았습니다.

당시 순례 길은 요즘처럼 여행사 패키지로 성지순례 하듯이 1주일 만에 가볍게 다녀올 수 있는 길이 아니었습니다. 오랜 시간 동안 모험을 해야 하는 험하고 위험한 길이었습니다. 그 열악한 순례 길 내내 불안감을 안고 가야 했습니다. 잠은 어디서 자야 할지, 도중에 강도를 만나는 것은 아닌지, 사고를 당하는 것은 아닐지, 아프지는 않을지… 오늘 본문을 보면 시인의 순례 길이 그리 간단치가 않았음을 엿볼 수 있습니다. 그래서 순례자는 자신도 모르게 외쳤던 것 같습니다.

"누구 도와줄 사람 없어요?"

이 질문에 시인은 2절에서 이렇게 대답합니다. "나의 도움은 천지를 지으신 여호와에게서로다." 두려움과 염려가 많은 순례의 여정에서, 시인은 어떻게 이렇게 찬송할 수 있었을까요? 우리는 그의 시선이 어디를 보고 있었느냐를 주의해서 보아야 합니다. "내가 산을 향하여 눈을 들리라 나의 도움이 어디서 올까."

예루살렘 성전은 해발 800미터인 시온산에 있습니다. 그 시온산 꼭대기에 성전을 지어 놓았습니다. 그러므로 성전에 올라가려면 거의 등산을 해야 합니다. 800미터나 되는 가파른 산을 오르다 보면, 숨이 턱에 차오릅니다. 사람들은 찬양을 하면서 힘을 북돋우면서 이 길을 올라갑니다.

그들이 성전에 올라가는 이유가 무엇입니까? 여호와 하나님을 만나기 위해서입니다. 비록 인생길은 가파른 산을 오르듯 숨차고 힘들지만, 나를 도우시는 하나님 덕분에 끝까지 승리할 수 있다는 믿음의 고백을 드리면서 산을 오릅니다.

"저 멀리 뵈는 나의 시온 성, 오 거룩한 곳 아버지 집." 정말 이 찬송가 가사처럼 빈들이나 사막에서 우리 몸과 마음이 피곤할 대로 피곤해지는 삶이 순례자의 삶입니다. 그래서 정말 지치고 힘들 때는 순례 길을 포기하고 싶을 때도 있습니다. 이럴 때마다 우리도 외칩니다. "누구 도와줄 사람 없습니까?" 그리고 동시에 이렇게 고백합니다. "나의 도움은 천지를 지으신 여호와 하나님에게서 옵니다."

시인은 불안과 염려가 많지만, 산을 바라보는 동시에 하나님을 바라봅니다. 따라서 우리는 믿음에 대해 이렇게 정의할 수 있습니다. "믿음은 시선의 싸움이다." 믿음은 불안한 현실 속에서 하나님을 상상하는 힘이라고 할 수 있습니다.

그러므로 이런저런 염려와 걱정이 우리 마음을 짓누를 때, 그럴수록 혼자 앉아 염려와 걱정을 곱씹고 묵상하는 것이 아니라 하나님께 집중해야 합니다. 그래서 하나님께서 내 인생의 보호자가 되신다는 확신을 갖게 되면 모든 환난을 이겨낼 수 있습니다.

어떤 목사님이 비행기를 탔는데 이상기류를 만나 기체가 심하게 흔들렸습니다. 모두가 불안해하는데 앞 좌석에서는 키득키득 웃는 소리가 들리더라는 겁니다. 이상해서 상체를 일으켜 앞좌석을 보니, 한 젊은이가 헤드셋을 끼고 코미디 프로를 보고 있었습니다. 그는 TV에 집중하고 있어서 불안함을 전혀 느끼지 못했습니다. 지치고 힘든 인생살이에서 우리도 시인처럼 나를 도우시는 하나님께 온전히 집중할 수 있기를 원합니다.

네 앞길을 먼저 보시는 하나님

그럼 하나님은 우리를 어떻게 도우십니까? 시편 기자는 자신을 도우시는 하나님을 설명하기 위해 121편 전체에서 "지키신다"라

은혜는 내일 오지 않는다

는 단어를 5번이나 반복합니다. 4절에서 졸지도 않고 주무시지도 않고 지키신다고 했는데, 이 표현은 하나님의 전능함을 나타냅니다. 졸거나 자는 행위는 쉼이 필요한 불완전한 인간에게 해당하는 말입니다. 그런데 하나님은 그런 인생이 아니시기 때문에, 그 전능하신 손으로 완벽하게, 철통같이, 물 샐 틈 없이 우리를 지키신다는 뜻입니다.

좀 더 구체적으로 하나님께서 어떻게 우리를 지키시는지를 보겠습니다. 먼저는 붙드시고, 다른 하나는 피하게 하시는 방법입니다.

첫째, 우리를 실족하지 않게 붙드십니다. 순례자가 산을 오르다 보면 때로는 없는 길을 가야 할 때도 있고, 계곡도 지나고, 낭떠러지를 지날 때도 있습니다. 그럴 때 발을 헛디뎌 천길만길 아래로 떨어질 수도 있습니다. 또 바위를 넘어가다 미끄러져 부상을 당할 수도 있고, 혹은 숨겨진 구덩이에 빠져 헤어나오지 못할 수도 있습니다. 순례자의 여정에는 항상 실족의 위험이 도사리고 있습니다.

우리 인생 여정도 마찬가지 아닙니까? 사업상 새로운 결정을 해야 할 때, 직장을 옮겨야 할 때, 부담스런 누군가를 만나야 할 때, 우리는 늘 긴장하고 불안해합니다. "혹시 내가 모르는 치명적인 잘못이 있지 않을까?", "내가 이 사람을 잘못 본 건 아닐까?", "여기에 투자했다가 실패하는 건 아닐까?"

이처럼 어떤 일을 하더라도 우리는 늘 실족할 위험을 안고 살아갑니다. 세상에 절대적으로 '안전한' 모험이란 없기 때문입니다. 이러한 위험한 인생길을 가는 우리에게, 하나님은 어떻게 도우신다고 하십니까? 졸지도 않으시고, 주무시지도 않으시며 붙드신다고 합니다.

제가 사는 아파트에는 어린아이를 둔 가정이 많습니다. 가끔 아파트 놀이터에 가보면, 막 걸음마를 떼는 아이부터, 뛰어다니는 아이까지 정말 많은 아이들이 나와서 놉니다. 그런데 아이를 쳐다보는 부모의 눈을 보면, 정말 엄청나게 집중합니다. 뛰노는 아이에게서 잠시라도 시선을 거두지 않습니다. 그런 모습을 보면서 관심과 집중력의 크기가 사랑의 크기가 아닐까 생각해보았습니다.

하지만 우리가 아무리 자식을 사랑해도, 24시간 집중할 수는 없습니다. 피곤하기도 하고, 모든 위험 상황을 다 인지하지 못해 한순간에 아이를 놓칠 수 있습니다. 그 시선을 잠시 거두는 순간 아이가 다치기도 합니다. 또는 일이 너무 바쁘고, 삶이 주는 근심에 사로잡혀 있다 보면, 자녀의 감정과 생각에 소홀히 하게 되고, 그래서 아이들은 조금씩 부모에게서 멀어지거나 비뚤어지기 시작합니다. 그러나 하나님께는 이런 인간의 연약함이 없기에, 결코 실패하지 않으십니다.

하나님이 우리를 지키신다는 말이, 더욱 다가오는 이유가 있습니다. 4절에서는 "이스라엘을 지키시는 이"라고 했지만, 5절은 "너를 지키시는 이"라고 합니다. 이 말은 하나님은 온 세상을 지키는 동시에, 나 한 사람을 지키신다는 뜻입니다. 우리가 한 자녀, 한 자녀에게 집중하듯이 하나님은 우리 한 사람, 한 사람에게 집중하십니다. 하나님은 우리를 지으신 분이기 때문에, 우리 체질과 형편을 속속들이 아십니다. 무엇에 약한지, 무엇을 특별히 두려워하는지 그래서 우리에게 맞게, 각자의 걸음을 인도하십니다.

은혜는 내일 오지 않는다

걸음마를 떼는 아이는 앞도 안 보고 무작정 걸어가지만, 부모는 아이 앞에 있는 장애물을 봅니다. 그래서 아이가 부딪히려고 하면 번쩍 들어 올려 다치지 않게 합니다. 하나님도 우리 앞길을 멀리 내다보시며 인도하십니다. 이렇게 세밀하게 우리를 붙들어 주시는 분이 하나님입니다.

환난 중에 만날 큰 도움이신 하나님

둘째, 우리가 환난을 피하게 하십니다.

121편을 쓴 시인은, 꽤 먼 곳에서 순례의 길을 온 것 같습니다. 중간에 나무 하나 없고 바위그늘도 없는 사막 길을 걸어왔습니다. 뜨거운 태양빛이 작렬할 때 피할 곳이 없이 태양에 노출되면 여지없이 탈진하고 일사병에 걸립니다.

밤의 달은 무엇일까요? 밤에는 기온도 몹시 내려가지만, 완전히 환한 달빛 아래 잠들면, 허약한 사람들은 정신착란을 일으킨다고 합니다. 영어에서 '달'(月)에 해당하는 형용사가 '루나'(lunar)인데, 여기서 파생된 '루나틱'(lunatic)이라는 단어에는 미치광이, 정신병자라는 뜻이 있습니다. 그러니까 낮에는 신체적 탈진을, 밤에는 정신적 탈진을 경험한다는 뜻입니다.

제 아파트 길 건너에 상가를 짓는데, 육체노동자들이 따가운 햇볕 아래 땀을 뻘뻘 흘리며 일합니다. 미세먼지가 아무리 짙어도 아랑곳없습니다. 또 겨울 매서운 추위에도 그 높은 데까지 올라가 일합니다. 직장인에게는 상사가 낮의 해입니다. 상사 스트레스를 피할 길이 없습니다. 영업은 또 어떻습니까? 제 핸드폰으로 보험이나 대출을 권유하는 전화가 자주 옵니다. 때로는 너무 귀찮아 짜증 섞인 응대를 할 때도 있습니다. 어디 저만 그러겠습니까? 전화를 받는 거의 모든 사람에게 이런 식으로 거절을 당할 텐데, 전화로 영업하시는 분들은 정서적으로 어려움을 겪을 것 같습니다. 얼마나 힘든 직업입니까?

사업하시는 분들은 주문 하나 따내려고 거래처 사람들 비위를 얼마나 맞춰야 하는지 모릅니다. 건축 사업을 하시는 연세가 지긋한 성도 한 분은 이런 고백을 하셨습니다. "목사님, 공사를 주는 대형 건설사에서 나온 젊은 직원들 비위 맞추기가 너무 힘듭니다. 굶어 죽더라도 이제 그만 할까 합니다."

교회 여성도 중에 노인요양사로 노인들을 돌보는 일을 하는 분이 있습니다. 자신이 겪는 직업상 고충을 이야기하는데, 혼자 사시는 할아버지 집에는 될 수 있으면 안 가려고 한답니다. 극히 일부지만 어떤 할아버지들이 연애를 하자고 한다는 겁니다. 얼마나 마음이 힘들겠습니까?

그래서 하루 근무하고 나면, 낮의 해에 모두가 탈진합니다. 그리고 밤에는 활발한 낮에는 잘 드러나지 않았지만 마음의 밑바닥에 있던 근심, 불안, 외로움 같은 정신적 스트레스에 짓눌려서 잠을 설칩니다. 바스락거리는 소리에도 잠을 깰 정도로 깊이 잠을 못 잡니다 하나님은 이런 자들의 그늘이 되어 주신다고 합니다. 사막은 건조하기 때문에 그늘만 찾으면 서늘합니다. 하나님이 그늘이 되신다는 말은, 나의 안전한 피난처가 되신다는 의미입니다.

세상에는 피할 곳이 없습니다. 그냥 태양이 내리쬐는 벌판 같은 인생을 걸어갑니다. 나도 모르게 탄식이 나옵니다. "어디 좀 마음 편하게 쉴 만한 데 없을까?" 이럴 때 눈을 들어 하나님께 집중하면, 그분이 우리의 그늘이 되어 주십니다.

하나님의 은밀한 개입

날마다 이렇게 우리를 지키시는 하나님을 경험하며 사는 분도 있겠지만, 이 말이 가슴에 와닿지 않는 분들도 계실 겁니다. "하나님이 그런 분이라면, 나는 왜 여전히 견디기 힘든 환경 속에서 그대로 고통받으며 살아가는 건가요? 하나님은 내게 아무 관심도 없으신 것 같네요. 왜 이 상황에 개입하시지 않으십니까?"

앤더슨이라는 미국 여성이 있었습니다. 하루는 눈에 이상이 와서 병원에서 수술을 했는데, 잘못해서 실명이 되었습니다. 얼마나 절망이 되었겠습니까? 그러나 다행히도 남편이 그림자처럼 따라다니며 돌보아주었습니다. 직장에 오고 갈 때도 동행했는데, 어느 날 여인은 남편에게서 아주 섭섭한 이야기를 듣습니다. "여보, 참 미안한데, 내가 언제까지나 당신을 봐줄 수가 없어요. 그러니까 이제 혼자 다니는 훈련을 하는 게 좋겠어요."

이 여성은 화가 났습니다. 그래서 오기가 발동했습니다. '좋아, 내가 뭐 혼자 다니라면 못 다닐까 봐?' 어떤 때는 넘어지기도 하고 어떤 때는 엉뚱한 곳으로 가기도 하면서 어려운 과정을 겪었는데, 보름쯤 지나서 아침마다 타는 버스 기사가 여자에게 말을 거는 겁니다.

"당신은 어떻게 그렇게 좋은 남편을 두었습니까?"

"무슨 말씀이시죠?"

"당신이 버스를 타면, 항상 바로 뒷자리에 앉아서 당신의 행동 하나하나를 살피면서, 혹시 잘못될까 싶어 마음 조리면서 따라다니는 모습을 보았습니다. 당신 남편 맞지요?" 아내의 독립을 위해 매몰차게 이야기했지만, 늘 뒷좌석에 앉아 아내를 지켜보고 있었던 겁니다. 이 이야기는 실화입니다.

하나님도 마찬가지이십니다. 하나님은 당신의 자녀들이 더 담대해지길 원하십니다. 앤더슨이 자신은 혼자라고 생각할 때는, 걷는 것이든, 어디를 가는 것 자체가 너무나 큰 두려움이었습니다. 그래서 언제 무슨 일이 일어날지 몰라 주먹을 불끈 쥘 때도 있었고, 가슴이 쿵쾅거리기도 했습니다.

그러나 남편이 뒤에서 지켜본다는 것을 알고 나서는, 분명히 두려움이 없어졌을 겁니다. 아마 입에서 흥얼흥얼 노래가 나왔을지도 모릅니다. 이렇게 하나님이 나의 보호자가 되신다고 인식하며 사는 사람은 늘 자신감과 기쁨을 누립니다.

그래도 하나님의 지키심에 공감하기 어렵다면, 십자가를 바라보기 바랍니다. 십자가만큼 강력하고 확실한 돌보심의 증거도 없습니다. 예수님은 단지 우리 죄를 용서하시려고 십자가에 죽으신 것만이 아닙니다. 채찍과 침 뱉음, 조롱을 당하시면서, 즉 낮의 해와 밤의 달의 모든 고난을 다 당하시면서 우리가 살아가면서 겪는 온갖 환난을 대신 담당하셨습니다. 따라서 우리 인생의 모든 짐을 예수님께 맡기면, 예수님께서 우리 대신 담당해주십니다. 이 일을 위해 예수님이 오셨다는 사실을 이사야 선지자가 수백 년 전에 이렇게 예언했습니다. "또 그 사람은 광풍을 피하는 곳, 폭우를 가리는 곳 같을 것이며 마른 땅에 냇물 같을 것이며 곤비한 땅에 큰 바위 그늘 같으리니"(사 32:2).

이 예수님께서 수고하고 무거운 짐을 지고 사는 인생들을 당신께 오라고 부르십니다. 쉬게 해주시겠다고 하십니다. 예수님을 내 주인으로 영접하고 그분께 나의 불안과 염려를 맡길 때, 우리는 모든 악과 환난에서 보호를 받습니다.

2절까지는, "나의 도움이"라고 하다가, 3절부터는 "너를 실족하지 아니하게 하시며"라면서 도움을 받는 주체가 바뀝니다. 이것이 무슨 뜻입니까? 시편 121편은 성전을 올라가면서 부르는 찬송입니다. 혼자 가는 것이 아니라 여럿이 함께 올라가면서, "너의 도움이 되시고, 너를 지켜주신다"라고 노래합니다.

이게 바로 교회입니다. 이 험한 순례의 길을 혼자 가게 하지 않으시고, 서로 격려하며 가게 하심이 얼마나 감사합니까? 하나님을 바라보던 시선이 흐트러졌을 때, 교회에 나와 함께 찬송하면서 서로를 격려합니다. "우리의 도움은 하나님이십니다. 하나님이 우리를 지키십니다. 힘을 냅시다."

우리에게 교회라는 신앙공동체를 주신 하나님께 얼마나 감사한지 모르겠습니다. 그리고 순모임이라는 믿음의 공동체를 허락하셔서, 순례의 길을 서로 격려하며 함께 걸어가게 해주신 하나님이 얼마나 감사합니까?

《천로역정》을 보면, 구원이라는 길을 걷는 주인공이 나옵니다. 이 사람이 구원의 여정을 열심히 걸어가다가, 어느 날 전혀 다른 길을 만납니다. 그 길의 이름은 고난입니다. 그런데 그 길은 아주 생소하게 생겼습니다. 길이 정말 좁은데, 심지어 두 사람이 같이 걸을 수 없을 정도로 좁습니다. 그리고 양 옆은, 한 번 떨어지면 다시 올라올 수 없을 것 같은 천 길 낭떠러지인데, 그 밑은 굉장히 어둡습니다.

이제는 돌아갈 수도 없고, 누구와 함께 갈 수도 없는 외길입니다. 그런데 문제는 그 길이 또 온통 가시밭길이라는 데 있습니다. 고난의 길을 걷는데, 계속 발이 찔리고 긁히니까 너무 고통스러운 겁니다. 그래서 가다 말고 그냥 주저앉아버립니다. 그리고는 엉엉 울면서 하나님을 원망합니다. "하나님, 내가 세상의 모든 것 다 버리고, 구원이라는 길을 들어섰는데, 왜 이런 가시밭길을 만나게 하십니까? 더 이상 못 가겠습니다." 그러면서 통곡합니다.

그런데 이렇게 울다가 문득 주위를 둘러보니, 이 길을 가는 사람이 자기 혼자가 아님을 보게 됩니다. 자기보다 앞서 이 길에 들어선 사람들 모두, 이 길을 그렇게 힘겹게 가고 있습니다. 그들은 포기하지 않고 묵묵히 가시를 헤치면서 걷습니다. 이들은 걸으면서 나지막한 목소리로, 뭔가를 읊조립니다. 크리스천이 가만히 들으니까 그들은 "믿음, 믿음, 믿음!"을 외치면서 가시밭길을 헤쳐 나갑니다.

바로 이겁니다. 구원이라는 길을 가려면, 누구나 고난이라는 길을 통과해야 합니다. 다른 길은 없습니다. 그리고 잘 견디면서 이 길을 가려면 방법은 딱 하나입니다. 믿음입니다.

혼자가면 빨리 가지만, 같이 가면 멀리 간다는 말이 있습니다. 순례의 길은 멀고 험한 길입니다. 그래서 혼자는 힘들어서 못 갑니다. 함께 갈 때, 우리는 끝까지 이 길을 갈 수 있습니다. "내가

　　　　　　　　　　　　　　　은혜는 내일 오지 않는다

산을 향하여 눈을 들리라 나의 도움이 어디서 올까? 천지를 지으
신 하나님에게서로다."

　이 좋으신 하나님을 바라보며 함께 하나님을 찬송하면서, 피
곤해진 손을 서로 잡아주며 저 천성에 들어갈 때까지 끝까지 순례
의 길을 힘차게 걸어가길 바랍니다.

1 여호와께서 내 음성과 내 간구를 들으시므로 내가 그를 사랑하는도다 2 그의 귀를 내게 기울이셨으므로 내가 평생에 기도하리로다 3 사망의 줄이 나를 두르고 스올의 고통이 내게 이르므로 내가 환난과 슬픔을 만났을 때에 4 내가 여호와의 이름으로 기도하기를 여호와여 주께 구하오니 내 영혼을 건지소서 하였도다 5 여호와는 은혜로우시며 의로우시며 우리 하나님은 긍휼이 많으시도다 6 여호와께서는 순진한 자를 지키시나니 내가 어려울 때에 나를 구원하셨도다 7 내 영혼아 네 평안함으로 돌아갈지어다 여호와께서 너를 후대하심이로다 8 주께서 내 영혼을 사망에서, 내 눈을 눈물에서, 내 발을 넘어짐에서 건지셨나이다 9 내가 생명이 있는 땅에서 여호와 앞에 행하리로다 10 내가 크게 고통을 당하였다고 말할 때에도 나는 믿었도다 11 내가 놀라서 이르기를 모든 사람이 거짓말쟁이라 하였도다 12 내게 주신 모든 은혜를 내가 여호와께 무엇으로 보답할까 13 내가 구원의 잔을 들고 여호와의 이름을 부르며 14 여호와의 모든 백성 앞에서 나는 나의 서원을 여호와께 갚으리로다

시편 116:1~14

은혜는 내일 오지 않는다

09

환난과 슬픔보다,
받은 은혜가 더 크기에

저희 집은 주택에서 살다가 최근에 아파트로 이사를 했습니다. 주택에 살 때는 느끼지 못했던 편리함으로 만족하고 있습니다. 그런데 두어 달 지나고 나니, 여기저기서 터져 나오는 아파트에 대한 여러 불만을 듣습니다. 그런 이야기를 들으면서, 지금은 모든 것이 감사한데, 1년 정도 지나면 나도 저럴 수 있겠다는 생각이 들었습니다.

요즈음 우리 사회를 보면, 감사하는 마음이 점점 사라지고 있는 것 같아서 탄식이 절로 나옵니다. 옛날 같으면 눈물을 글썽이며 감사할 일도, 요즘은 그러려니 합니다. 당연하다고 생각하면 감사하기 힘든 법입니다. 내가 마땅히 받을 것 받고, 누릴 것 누린다고 생각하니 뭐가 감사하겠습니까? 이런 말도 있습니다. "하나님께서는 두 곳에 머무신다. 한 곳은 하늘나라이고, 다른 한 곳은 감사하는 사람의 마음이다." 우리는 지금 얼마나 감사하며 살고 있습니까?

추수감사절은 청교도들이 미국에 들어와서 첫 추수를 끝낸 1621년 가을에 시작되었습니다. 그때 브레드 포트라는 총독이 이민 온 사람들에게 축제일로 선포하고, 인디언 추장 마사소이트와 그의 부하 90명을 초대해서, 3일 동안 축제를 벌인 것이 추수감사절의 유례로 알려져 있습니다.

그러나 원래 감사절은 미국에서 시작된 것이 아니고, 성경에서 출발합니다. 감사하라는 명령은 이미 구약시대에 있었습니다. 감사절은 하나님의 명령에 따라 시행되었습니다. "맥추절을 지키라. 이는 네가 수고하여 밭에 뿌린 것의 첫 열매를 거둠이니라"(출 23:16). 이렇게 감사절을 지키라고 명하셨습니다.

환난과 슬픔 속에서 감사가 나오는 이유

하나님께서 인간에게 감사하라고 '명령'하시는 걸 보면 감사가 인간에게 자연스러운 행동이 아니라는 것을 알 수 있습니다. 그렇지 않습니까? 인간 스스로는 감사를 만들어내지 못합니다. 사업이 어려우면 사업 잘되게 해달라고 기도하고, 몸이 병 들면 고쳐달라고 기도할 수 있지만, 주신 복을 놓고 "하나님, 감사합니다"라고 고백하기는 대단히 어려운 게 인간입니다.

그런데 이런 인간이 감사할 때가 있습니다. 언제일까요? 역설적으로 역경과 고통을 당할 때 그렇습니다. 시편 116편 기자는 아주 견디기 힘든 고통을 만났습니다. 그는 "사망의 줄이 나를 두르고 스올의 고통이 내게 이르므로 내가 환난과 슬픔을 만났을 때"(3)라고 말합니다. 시편 저자가 어떤 고통 가운데 있었는지, 본문만 놓고 구체적으로 알기는 어렵습니다. 그러나 그 고통이 얼마나 컸는지 짐작해볼 수는 있습니다. 너무 괴로워서 몸부림치면 칠수록 사망의 고통처럼 자기 목을 죄어왔습니다. "사망의 줄"이란 더 이상 무엇도 바랄 수 없는, 어떻게 해도 움직일 수 없고 모든 희망이 사라지는 절망적인 상황을 말합니다.

동시에 시인은 "스올의 고통"을 당했다고 합니다. 스올(지옥)은 어떤 곳입니까? 하나님의 은혜가 완전히 제거된 곳입니다. 어떤 자비의 빛 한 줄기도 비추지 않는 깜깜한 곳입니다. 이럴 때 그리스도인이 느끼는 감정이 있습니다. 시련의 시간에 하나님께서 자신을 버리셨을까 봐, 그것이 두렵습니다.

하지만 놀라운 반전이 있습니다. 시편 기자는 이렇게 엄청난 고난을 겪었지만, 그 고난을 겪고 나서 이렇게 고백합니다. "내게 주신 모든 은혜를 내가 여호와께 무엇으로 보답할까 내가 구원의 잔을 들고 여호와의 이름을 부르며 여호와의 모든 백성 앞에서 나는 나의 서원을 여호와께 갚으리로다"(12~14). 우리말 성경으로는 그 감격의 정도를 다 느끼기 어렵지만, 이 고백 안에는 너무너무 감사해서 어쩔 줄 모르는 그런 감격이 흐르고 있습니다. 히브리어 문법을 보면, 12절에 "무엇으로"라는 말이 그 뒤에 오는 의문사 "보답할까?"와 함께 쓰이면 어떤 일이 불가능하다는 뜻입니다. 그러니까 "무엇으로 보답할까?"라는 말은 우리가 하나님께 그 무엇을 드린다고 해도 은혜를 갚을 길이 없음을 의미합니다.

시편 기자의 감사는 한 마디로 역경과 고통에서 나왔습니다. 여러분, 어떻습니까? 생각해보면, 태평성대를 누리는 환경에서는 감사가 나오지 않을 때가 많습니다. 부유한 환경에서 부족함을 모르고 자라난 자녀들이 더 감사할 줄 모릅니다. 성공한 자리에서 오히려 감사가 잘 안 나옵니다. 인간은 그런 존재입니다.

기도하지 않아도 되는 환경을 두려워하라

그렇다고 고난을 당하면 누구나 다 감사하는가? 그건 아닙니다. 일반적으로 고난을 당하면 원망합니다. 그런데 시편 기자는 어떻게 감사할 수 있었을까요? "내가 크게 고통을 당하였다고 말할 때에도 나는 믿었도다"(10). 이 구절이 핵심인데, 고통 가운데도 하나님을 신뢰하기를 그치지 않았다는 겁니다. 이러한 믿음은 어떻게 나타납니까? "여호와께서 내 음성과 내 간구를 들으시므로 내가 그를 사랑하는도다 그의 귀를 내게 기울이셨으므로 내가 평생에 기도하리로다"(1~2). 하나님을 신뢰하는 일은 이처럼 기도로 나타납니다.

저는 하나님께서 우리에게 은혜와 복 주시기를 늘 기도하지만, 환난의 무풍지대에서 고통도 하나 없고, 더 이상 하나님을 찾을 필요가 없을 정도로 많은 복을 주시길 원치 않습니다. 그렇게 복을 많이 누리면 우리 생활에 기도가 싹 사라집니다. 그리스도인에게 가장 큰 위기이자 비극은 이처럼 기도하지 않게 되는 환경입니다. 기도는 언제 하게 되나요? 고통이 올 때 합니다. 시편 저자

은혜는 내일 오지 않는다

가 고통 가운데서 그래도 끝내 하나님께 감사드릴 수 있었던 이유는 환난 중에도 기도했기 때문입니다.

환난 중에는 어떻게 기도해야 합니까? "주께서 내 영혼을 사망에서 내 눈을 눈물에서 내 발을 넘어짐에서 건지셨나이다"(8). 이 시제를 보면 이미 고통으로부터 건짐받은 것처럼 보이지만, 전후 문맥을 살피면 저자는 아직도 사망과 어려움의 한가운데 있습니다. 그럼 무슨 뜻입니까? 이것은 믿음으로 그렇게 될 것을 선포하며 기도한 겁니다. 이미 하나님께서 나를 고난으로부터 건져주셨음을 믿고 기도했습니다. 이것이 믿음의 기도입니다. 감당하기 힘든 고난 앞에서도, 그 어떠한 희망의 빛을 찾기 힘든 상황에서도, 하나님께서 나를 모든 환난에서 건져주신 것으로 믿고 기도할 때 그 기도가 우리를 감사의 자리로 이끌어냅니다.

자신이 처한 고난마저도 믿음의 눈으로 바라보니, 감사의 고백이 나왔습니다. "내게 주신 모든 은혜를 내가 여호와께 무엇으로 보답할까"(12). 이렇게 믿음의 고백을 하면 하나님 은혜에 감사하는 것이 두 가지 모습으로 나타납니다.

은혜에 보답하는 첫 걸음

첫째, 입술에 감사가 담깁니다.

12절을 보면, 하나님께서 "내게 주신 모든 은혜"라고 말합니다. 어떤 영어 번역본은 "모든 선하심"(all his goodness, NIV)이라고 옮깁니다. 하나님은 나에게 절대 나쁜 것을 주지 않습니다. "너희가 악한 자라도 좋은 것으로 자식에게 줄 줄 알거든 하물며 하늘에 계신 너희 아버지께서 구하는 자에게 좋은 것으로 주시지 않겠느냐"(마 7:11). 또 이 말씀도 참 좋아합니다. "우리가 알거니와 하나님을 사랑하는 자 곧 그의 뜻대로 부르심을 입은 자들에게는 모든 것이 합력하여 선을 이루느니라"(롬 8:28).

내가 고난을 당할 때 지금은 괴롭고 견디기 힘들지만, 그리고 나를 불행에 빠뜨리고 실패하는 듯 보이지만, 나에게 주어진 모든 것이 하나님에게서 왔다면, 내가 볼 때 지금 당장은 악하고 아무 유익이 없는 것 같더라도, 결국 어떻게 됩니까? 나에게 선이 되게 해주십니다.

지금 시련 속에 힘들어하는 성도들이 있습니까? 고난 가운데서도 입술로 외쳐야 합니다. "하나님은 나를 사랑하시기 때문에 나에게 가장 좋은 것을 주시는 분입니다." "이 고난은 하나님께서 나에게 유익을 주시는 과정입니다!" 떡을 달라고 기도했는데 돌을 주셨습니까? 그렇다면 돌을 손에 높이 들고, 돌을 보면서 "하나님, 떡을 주셔서 감사합니다" 이렇게 고백해야 합니다.

탤런트 김혜자씨가 서울남부교도소에서 수감자를 대상으로 강연하던 때의 이야기입니다. 그때 자기가 경험한 걸 이야기하면서 1년 반 동안 '감사 노트'에 천여 가지 감사거리를 적었는데, "다 쓰고 보니 세상 보는 눈이 달라져 있더라"고 고백합니다. 그래서 이분이 여러분도 한번 해보라고 하면서 수감자들에게 노트 천 권을 선물했답니다.

그때부터 수감자들이 감사 일기를 쓰면서 놀라운 역사가 일어납니다. 징역 10년을 선고받은 장기수인데, 늘 원망 불평을 달고 살던 사람이라 교도관도 긴장하게 하는 사람이 있었습니다. 이 사람에게도 노트를 주었는데, 처음에는 "내가 감사할 게 어디 있느냐? 지금 놀리는 거냐?" 하며 거부했습니다. 옆에 동료가 "그러지 말고 한 개만 써보라"는 말에 노트를 받기는 했습니다. 처음엔 거창하고 대단한 것을 써야 한다는 생각에 적지 못했는데, 그러다 문득 생각난 게 뭐냐 하면, "오늘 간수가 번호를 부르지 않고, 내 이름을 불러줬다"였습니다.

그런데 희한한 게, 이렇게 쓰고 나서부터 자꾸 감사한 일이 생각나더라는 겁니다. 이 장기수가 자려고 누웠는데, 그 감옥 창문으로 달이 떠 있더래요. 그게 너무너무 감사해서 그날 잠이 안 올 때 일어나 이렇게 썼답니다. "창문 한 귀퉁이로 달을 볼 수 있어서 감사하다." 이분이 왜 이렇게 변했을까요? 눈이 바뀐 겁니다.

입술로 감사를 표현하는 것, 이것이 하나님 은혜에 보답하는 첫 걸음입니다. 우리는 환경이 바뀌면 감사가 절로 나올 것이라고 생각합니다. 그러나 그 반대입니다. 입술로 먼저 고백하면 환경이 바뀝니다. 바울도 범사(모든 일)에 감사하라고 했습니다. 무엇이 먼저 오는지 분명히 해야 합니다.

받은 은혜를 나누어주는 데 행복이 있다

둘째, 몸을 드려서 감사를 표현합니다.

"여호와의 모든 백성 앞에서 나는 나의 서원을 여호와께 갚으리로다"(13). 서원을 갚는다는 것이 무슨 뜻일까요? 이제 자기만 아는 이기적인 신앙생활의 패러다임을 벗어나 하나님의 은혜에 보답하는 삶을 살겠다는 선언입니다. 나를 구원하신 하나님을 기쁘시게 해드리고자 무엇인가 몸으로 해보고 싶다는 겁니다. "하나님, 무엇을 할까요? 재물을 주님께 더 드릴까요? 아니면 날마다 복음 전하는 삶을 살까요? 아니면 봉사를 할까요?" "어떻게 하면 구원받은 이 은혜를 갚을 수 있을까요?" 이것을 고민하고 실천하는 것이 진정한 서원의 정신입니다.

성경을 보면 이스라엘 백성이 하나님께 감사하러 나올 때, 절대 빈손으로 나타나지 말라고 경고하십니다(출 23:15, 34:20, 신 16:16). 왜 그런 명령을 하셨을까요? 마음만 가지고도 얼마든지 하나님께 감사를 표현할 수 있지 않습니까? 왜 꼭 뭘 들고 나오라고 하십니까? 이 질문에 대한 답은 마태복음에서 찾을 수 있습니다. "네 보물 있는 그곳에는 네 마음도 있느니라"(마 6:21). 보물이 있는 곳에 마음도 있기 때문입니다. 하나님께 무언가 부족해서, 뭘 들고 나오라고 한 것이 아닙니다. 입술로 아무리 감사를 잘 해도, 돌아서면 그걸로 끝일 수 있음을 너무나 잘 알고 계십니다. 그 감사가 진정한 감사가 되려면 우리의 행동이 뒤따라야 합니다.

30여 년간 수만 명의 암환자를 치료해온 이병욱 박사가 있습니다. 지금 대암의원 원장입니다. 1년에 100건 이상 암 수술을 하셨는데 재발이 많지 않았다는 평가를 듣는 분입니다. 이분은 평소에 외과의사 일에 불만이 많았습니다. 날마다 피를 봐야 하고, 수술하다 실수라도 하면 생명이 왔다 갔다 하고…. 그러다가 이분이 은혜를 받았습니다. 인생의 진정한 행복은 돈을 많이 벌어 남보다 큰 집에 살고 비싼 차를 굴리면서 과시하는 데 있지 않고, 하나님

은혜는 내일 오지 않는다

은혜에 보답하며 사는 데 있음을 깨닫습니다. 그래서 수술하면서 은혜에 보답하는 삶을 살아야겠다고 생각합니다. 그러고 나니 환자를 대하는 태도도 달라지고, 수술이 즐거워졌습니다. 자기 일이 3D 업종이라고 생각했는데, 이제는 뉴 3D 업이 되었습니다. 즉 Dream, Dynamic, Dramatic(꿈이 있고, 칼을 들고 수술하고, 죽을 사람을 살리는)이라는 것입니다. 자신의 몸으로 은혜에 보답해야겠다고 결정하고 나니, 삶에 활기가 넘치기 시작했습니다. 이분은 해마다 해외에 의료선교도 나갑니다. 이렇게 삶으로 하나님께 감사하고 있습니다.

어디 시편 기자만 은혜를 경험했겠습니까? 우리 모두 이들 못지않은, 큰 은혜를 경험하며 삽니다. 그렇다면 우리도 마땅히 그 은혜에 보답하려는 고민이 있어야 하지 않겠습니까? 대단한 일이 아니더라도, 평범한 삶 속에서 몸으로 감사할 일은 참 많습니다. 해마다 추수감사절에 많은 분이 과일을 가져오셔서, 어려운 이웃에게 나누어 드리고 받은 분들로부터 감사 인사를 많이 받았습니다. 우리끼리만 오순도순 교제하는 것보다 어려운 이웃과 함께 좋은 것을 나누는 일이, 몸으로 감사하는 일 아니겠습니까? 교사로, 성가대원으로, 식당에서, 주차로, 청소, 홍보, 전도, 온라인 사역 등 작은 일이라도 교회를 세워 나가는 일에 헌신하는 것도, 몸으로 하나님 은혜에 감사하는 일이 아니겠습니까?

우리 교회에 70세가 되어가는 집사님 한 분이 계십니다. 남편이 15년 전에 중풍으로 하반신을 못 쓰게 되면서, 지난 15년 동안 휠체어에서 생활하는 남편을 돌보며 살아오셨습니다. 몇 년 전에 교회에 등록하셨지만, 남편을 모시고 교회에 나오는 것이 너무 힘들어 몇 번 시도하다가 포기하고, 몇 년 동안 집에서 인터넷으로 설교를 듣는 것으로 대신하셨습니다. 그런데 얼마 전에는 남편을 돌보다가 몸이 너무 약해져서 자신도 휠체어 신세를 지게 되었습니다. 이제 더 이상 남편을 돌볼 수가 없어 아들이 있는 서울로 이사 가게 되었다고 마지막 인사를 하러 오셨습니다.

3년 정도 인터넷으로 설교를 들으셨는데, 설교를 듣다가 사랑 채플 신축 이야기를 들으셨답니다. 그러고는 비록 형편이 넉넉하지 않지만, 나도 좀 드려야 되겠다 생각하시고 여기저기 아껴서 돈을 조금씩 모으셨답니다. 그래서 이제 교회를 떠나지만 인사도 드릴 겸, 헌금도 드릴 겸해서 왔노라고 하시면서, 봉투를 내놓으셨습니다. 자신은 이제 교회를 떠나지만, 그리고 아직 병중에 있지만, 이 교회에서 그동안 신앙생활을 할 수 있게 해주신 은혜가 너무 감사해서, 그래서 교회 세우는 일에 미력이나마 동참하고 싶다고 200만 원을 내놓으시는 겁니다.

휠체어에 앉아 계신 채로, 제가 두 분을 위해 간절히 기도하는데 그렇게 눈물이 났습니다. 같이 많이 울었습니다. 넉넉하지도 않은 분들인데, 교회에서 제대로 돌봐드리지도 못해 죄송한데, 그리고 이젠 이사를 가는 마당에 굳이 그러실 필요까지는 없잖아요? 그런데도 헌금을 드리면서 가니까 죄송하기도 하고, 감사하기도 하고, 그 마음이 너무 순수하고 감사해서 막 울었습니다.

이분들을 보면 사실 육신적으로는 별로 감사할 것이 없어 보입니다. 그런데 여전히 고통 가운데 있으면서도 은혜에 감사해서 헌금을 드리는 모습을 보면서, 불현듯 한 사람이 떠올랐습니다. 바로 예수님께 향유를 부은 마리아입니다. 주님께서 십자가에서

은혜는 내일 오지 않는다

죽음을 당하시기 얼마 전, 잠시 시몬의 집을 방문하실 때 마리아는 시집갈 때 쓰려고 보관해놓았던 향유 한 옥합 즉, 자신의 전 재산을 아낌없이 예수님의 머리에 부었습니다. 쓸데없는 낭비를 한다고 제자들은 빈정댔지만, 예수님은 마리아의 행위를 칭찬하셨습니다.

마리아가 어떻게 그럴 수 있었을까요? 이제 얼마 안 있으면, 예수님께서 십자가에 죽임당하신다는 사실을 마리아는 알았습니다. 자신을 구원하려고 대신 죽으시는, 이 엄청난 사랑을 깨닫고 나니 가만있을 수 없었습니다. 무언가 감사를 표하고 싶었습니다. 그래서 자신의 모든 것이라고 할 만한 향유 한 옥합을 주님 머리에 아낌없이 부어드렸습니다.

주님은 감사할 줄 모르는 인간들을 찾아오셔서 십자가의 사랑을 보여주심으로 진정한 사랑이 무엇인지를 가르쳐주셨습니다. 우리는 그 은혜를 받은 사람들입니다. 이제 어떻게 살아야 하겠습니까? 하나님의 은혜에 감사합시다. 그리고 은혜에 보답하는 삶을 삽시다. 우리의 입술로 고난 중에도 감사하고, 우리의 몸으로 감사를 드립시다. 감사하는 마음, 감사하는 입술, 감사하는 손길 위에 하나님은 더 큰 은혜를 부으십니다.

15 너희는 다시 무서워하는 종의 영을 받지 아니하고 양자의 영을
받았으므로 우리가 아빠 아버지라고 부르짖느니라 16 성령이 친
히 우리의 영과 더불어 우리가 하나님의 자녀인 것을 증언하시나
니 17 자녀이면 또한 상속자 곧 하나님의 상속자요 그리스도와 함
께한 상속자니 우리가 그와 함께 영광을 받기 위하여 고난도 함께
받아야 할 것이니라

로마서 8:15~17

은혜는 내일 오지 않는다

10

하나님 아빠!
그것으로 충분합니다

기독교에서는 우리가 믿는 하나님을 아버지라고 부릅니다. 다른
종교에서는 찾아볼 수 없는 독특한 호칭입니다. 여러분은 하나님
을 아버지라고 할 때 어떤 느낌이 듭니까? 마음이 따뜻해지는 분
도 있겠고, 반대로 심란한 분도 있겠지요.

대개 하나님에 대한 이미지는, 육신의 아버지가 어떤 분이었
는지에 따라 형성된다고 합니다. 저는 예수를 믿고 나서, 정말 오
랫동안 하나님을 아버지라고 부르는 것이 어색했습니다. 육신의
아버지와 늘 거리가 있었기 때문입니다. 제가 아버지를 필요로 할
때 그분은 늘 멀리 계셨습니다. 사업을 하신다고 집을 떠나 계셨
기 때문에 아버지와 함께 놀아본 기억이 별로 없습니다. 때로는
슬프고 억울할 때도 있잖습니까? 그럴 때도 저는 그런 아픈 감정
을 혼자 해결해야만 했습니다.

제 머릿속에 있던 아버지에 대한 이미지는, 계시기는 하는데 멀리 있는 분, 나를 먹여 살리기는 하지만 풍족하게는 채우지 못하는 분, 내 감정에는 별 관심이 없는 분, 뭐 이런 이미지였습니다. 그러다 보니 가장 큰 문제는 하나님께서 나를 사랑하신다는 말이 그렇게 감격으로 와닿지가 않았습니다.

어쩌다 보니 자녀가 된 것이 아니다

여러분은 하나님 아버지의 사랑에 감격하며, 자녀 된 기쁨을 날마다 누리며 살아갑니까? 아니면 그분을 믿기는 믿지만, 여전히 경직된 상태에서 거리감을 느끼며 믿음 생활을 합니까? 저도 그랬지만, 예수를 믿어도 하나님을 아버지라고 선뜻 부르지 못하는 분들이 의외로 많습니다. 그래서 하나님께서 우리를 하나님의 자녀로 삼으시려고, 하나밖에 없는 자기 아들을 십자가에 내어주었다고 해도 별 감격이 없습니다. 머리로는 이해가 되는데 가슴으로 받아들여지지 않습니다. 육신의 아버지로부터 흠뻑 사랑을 받아보지 못한 사람은 하나님 아버지의 사랑을 감격스럽게 느끼기 어렵기 때문입니다.

그래서 그런 분들은 믿음 생활이 늘 경직되어 있습니다. 예수를 믿으면서도, 여전히 처음 방문한 집의 손님처럼 긴장의 끈을 놓지 못합니다. 아버지 집, 아니 엄밀하게 말하면 자기 집에 들어왔는데도, 남들은 다 긴장을 풀고 편안한 옷으로 갈아입고 웃고 떠드는데 여전히 신발 끈을 풀지 못하고 정장 차림에 거실에 앉아 있는 격입니다.

오늘 본문에서는 예수를 믿게 되면 하나님을 아버지라고 부른다고 했습니다. 그냥 아버지가 아니라, "아바 아버지"라고 부릅니다. 여기서 "아바"는 우리 말대로 하자면 "아빠"라는 뜻입니다. 친근함의 표현입니다.

그러면 이런 질문이 나옵니다. 우리는 분명히 하나님의 손으로 지음받은 피조물이지, 하나님의 몸에서 나온 혈육이 아닌데, 무슨 근거로 하나님의 자녀라고 합니까? 이에 대해 사도 바울은 '양자'라는 말로 설명합니다. 다시 말하면, 우리는 하나님께 선택되어 입양된 존재입니다.

요즘은 우리나라도 인식이 많이 바뀌어서 입양하는 가정을 많이 봅니다. 제 아내의 친구도 목회자 사모인데, 아이를 둘이나 입양했습니다. 아이들을 얼마나 예뻐하는지 모릅니다. 15절에, 우리가 "양자의 영"을 받았으므로 하나님을 "아빠 아버지"라고 부른다고 했습니다. 여기 "양자의 영을 받았다"는 말이 바로 입양되었다는 뜻입니다. 이렇듯 바울은 우리가 하나님의 자녀가 되었음을 '입양'이라는 개념으로 설명합니다. 우리는 범죄하여 사탄의 자녀, 어두움의 자녀였지만, 하나님께서 값을 지불하고 우리를 양자로 입양하셨다는 겁니다.

로마서가 쓰일 당시는 입양이 보편화된 시대였습니다. 다른 집 아이를 데려다가 양자 삼기도 하고, 전쟁 중에 포로를 잡아와 양자를 삼기도 하고, 심지어 주인 마음에 들어 입양되는 노예도 있었습니다. 입양이 되면, 그 집의 아들이 됩니다. 그리고 주인의 몸에서 난 친아들과 동등한 권한을 가졌습니다. 전혀 차별이 없었습니다. 나중에 아버지가 세상을 떠나면 상속도 받았습니다.

17절을 보겠습니다. "자녀이면 또한 상속자 곧 하나님의 상속자요 그리스도와 함께한 상속자니 우리가 그와 함께 영광을 받기 위하여 고난도 함께 받아야 할 것이니라." 우리가 예수를 믿고 나면, 맏아들 예수님과 함께 하나님의 상속자가 된다고 했습니다. 그렇다면 무엇을 상속합니까? 장차 나타날 하나님의 영광을 상속한다고 했습니다. 하나님이 홀로 누리시는 영광, 그 아들 예수님께만 나눠 주시는 영광을, 우리도 받게 해주신다고 합니다. 정말 귀가 번쩍 뜨이는 말씀이 아닐 수 없습니다. 이만하면 입양된다는 것이 얼마나 대단한 사건인가를 짐작할 수 있지 않습니까?

그런데 대개 입양이라는 말을 들으면 우리 머릿속에는 친자식이 아니라는 생각이 먼저 떠오릅니다. 사실 우리에게는 입양되었다는 말이 그다지 기분 좋은 말은 아닙니다. 친자식이 아니라는 뜻이기 때문입니다. 하지만 반대로 생각하면, 기분 나쁠 일도 전혀 아닙니다.

주위에 가끔 늦둥이를 얻은 분들이 있습니다. "어떻게 아이를 갖게 되셨어요?" 이렇게 물으면, 대부분 얼굴이 빨개지면서 "계획에 없었는데, 지가 들어섰어요" 합니다. 그렇지만 입양은 다릅니다. 예기치 못한 입양은 없습니다. "어떻게 입양하시게 되었습니까?"라고 물으면, "아, 어쩌다 보니까 그렇게 됐습니다" 하는 사람은 없습니다. 입양에는 확고한 의지가 있습니다.

따라서 하나님께서 우리를 입양하셨다면, 그것은 무엇을 반증합니까? 우리는 결코 우연히 하나님의 자녀가 된 것이 아니라 그분의 확고한 뜻과 계획 속에서 입양되었음을 입증합니다.

그렇다면 입양을 왜 할까요? 입양하시는 분들 대답을 들어보면, 이유는 의외로 간단합니다. "그냥 아기를 가지고 싶어서요." 싱거운 대답 같지만, 거기에 깊은 뜻이 담겨 있습니다.

사실 생각해보면, 뭐 하러 그렇게 사서 고생을 합니까? 아기를 키우면 돈이 더 생깁니까? 삶이 더 편해집니까? 게다가 신경쓰이고 골치 아픈 일이 얼마나 많아집니까? 아이가 밤중에 열이 떨어지지 않으면, 애를 들쳐 업고 새벽이라도 응급실로 뛰어가야 합니다. 이런 걸 두고, 사서 고생한다고 하죠.

그런데도 굳이 아이를 입양하려는 이유가 무엇입니까? 자식을 갖고 싶다는데 무슨 이유가 있습니까? 우리는 하나님의 형상대로 지음받았기 때문에, 그분처럼 자식을 낳아 사랑으로 돌보고 싶은 본능이 있습니다. 그래서 자식을 키우는 겁니다. 마찬가지로 하나님께서 우리를 입양하신 데에는 무슨 이유가 없습니다. 그냥 하나님이 좋아서 하셨습니다.

하나님께서 우리를 당신의 자녀로 입양하실 때, 하나님께 갈 이익이 많을까요? 아니면 손해나는 일이 많을까요? 당연히 손해가 더 많습니다. 우리를 입양하려면 어떤 대가를 치러야 하는지, 하나님의 자녀답게 키우려면 얼마나 신경을 많이 써야 하는지, 얼마나 마음 아플 일이 많을지, 하나님이 생각하지 않으셨을까요? 다 아셨습니다. 하지만 사랑의 본성이, 그 모든 수고와 아픔을 무릅쓰게 만들었습니다.

저는 정말 오랫동안, 하나님이 나를 사랑하시는 이유를 제 안에서 찾아보려고 했습니다. 그래서 늘 죄를 안 지으려고 하고, 성경 읽고 교회 봉사 열심히 하고, 착한 일을 하고, 그러니까 내가 한 만큼 사랑을 받는다고 생각했습니다. 그러니 그런 생활에 무슨 기쁨이 있고, 감격이 있었겠습니까? 그저 버림받지 않으려고 갖은 애를 다 썼던 겁니다. 이게 다 제대로 된 사랑을 받아보지 못해 그랬던 겁니다.

그러던 어느 날, 고등학교 때 여름 수련회에서, 오늘 본문으로 선포된 설교 말씀을 듣는 중에 하나님이 저를 찾아오셨습니다.

〈해운대〉라는 영화를 보면, 영화 속에서 박중훈, 엄정화가 이혼한 부부로 나옵니다. 그리고 이혼 당시에 태어났던 갓난아기는 엄마가 기르고, 그렇게 둘이 오랫동안 떨어져 살다가, 어느 날 이혼한 엄마 아빠, 그리고 훌쩍 큰 딸, 이렇게 세 명이 해운대에서 마주칩니다. 이 어색한 순간에, 엄마가 딸에게, 박중훈을 뭐라고 소개하는가 하면, "엄마가 그냥 아는 아저씨야" 그럽니다. 그리고 딸도 그렇게 압니다. 너무 어릴 때 헤어졌기 때문에 아빠 얼굴을 모르는데다, 엄마가 아빠는 죽었다고 했거든요.

그런데 영화가 클라이맥스로 가면, 슈퍼 해일이 해운대를 덮치면서 사람들이 죽어가는데, 그 해일이 딸이 자는 호텔까지 덮칩니다. 그래서 이 여자애가 파도에 쓸려 가는데, 그때 박중훈이 호텔로 뛰어 올라가 목숨 걸고 여자아이를 구해냅니다. 그러고는 딸을 뻘뻘 흘리면서 애를 안고, 옥상으로 피합니다. 하지만 여자아이는 이게 이해가 안 되는 겁니다. 이분은 그냥 엄마가 아는 아저씨인데, 왜 이 위험한 데를 와서, 자기 때문에 굳이 이러는지 이해가 안 됩니다.

은혜는 내일 오지 않는다

그러다가 마지막 장면에서 가족 3명이 건물 옥상에 피신해 있는데, 그 건물보다 더 큰 슈퍼 해일이 몰려옵니다. 건물에 있던 사람들은 다 죽게 생겼습니다. 마침 그때, 구조 헬기가 도착합니다. 문제는 옥상에 대피한 사람들이 다 탈 수가 없는 거예요, 그때 박중훈이 어떻게 합니까? 아이를 그 헬기에 태우고, 자신은 포기합니다. 자기가 죽는데도, 대신 아이를 살립니다. 그러면서 그렇게 말하죠. "애야, 꼭 살아야 한다, 행복해야 한다."

하지만 아이는 이 아저씨의 모든 행동이 이해가 안 됩니다. 도대체 날 살리겠다고 자기가 죽는 이유가 뭐냐고요? 그때, 옆에 있던 엄마가 숨겨 왔던 비밀을 말합니다. "애야, 사실은 이분이 네 아빠야, 아빠 얼굴 기억해야 해." 그때서야 박중훈도 울면서, "내가 네 아빠다" 그렇게 밝힙니다.

그런데 아저씨가 아빠인 걸 안 순간, 그분이 한 행동이 다 이해가 되는 거예요. '아, 우리 아빠라서 그랬구나. 그래서 그랬던 거구나' 깨닫습니다. 그리고 아이가 마지막 장면에서 울면서 아저씨를 "아빠"라고 부릅니다.

"사실, 저분이 네 아빠야"

여러분 바로 이게, 우리가 예수를 믿을 때, 본문 말씀대로 하자면 양자의 영이신 성령께서 우리를 찾아오실 때 일어나는 일입니다. 성령께서 하시는 일은 여러 가지이지만, 특별히 숨겨진 비밀을 폭로하는 일을 하십니다. 예수를 믿는 순간, 성령께서 내 안에 오셔서 감춰졌던 비밀을 폭로하십니다. 그 비밀은 이렇게 기록되어 있습니다. "너희가 아들이므로 하나님이 그 아들의 영을 우리 마음 가운데 보내사 아빠 아버지라 부르게 하셨느니라"(갈 4:6). 성령님이 우리 안에 오셔서 제일 먼저 하시는 일이 바로 하나님이 아빠라는 비밀을 알려주시는 것입니다.

나는 살면서 한 번도 그렇게 생각해본 적이 없는데, 어느 날 성령님이 오시더니, 하나님을 가리키면서 그렇게 말씀하십니다. "사실은 저분이 네 아빠야. 사실은 네가 저분 딸이야. 네가 저분 아들이야. 자, 이제 아빠라고 불러봐." 그렇게 놀라운 사실을 드러내십니다.

15~16절도 같은 말씀입니다. "너희는 다시 무서워하는 종의 영을 받지 아니하고 양자의 영을 받았으므로 우리가 아빠 아버지라고 부르짖느니라. 성령이 친히 우리의 영과 더불어 우리가 하나님의 자녀인 것을 증언하시나니." 성령님이 우리에게 오셔서 드러내시는 최고의 계시는 하나님이 내 아빠라는 사실입니다.

성경을 보면 하나님께서 만물을 창조하실 때는 "내가 그것들을 만들었다"고 표현하십니다. 그런데 유독 사람의 창조에 관해서는 "너를 낳았다"라고 표현합니다. 우리는 하나님이 '만든' 존재들이 아니라는 겁니다. 우리는 하나님이 '낳은' 존재들입니다. 흔히 입양 부모가 표현하는 말을 빌리면, 하나님은 우리를 가슴으로 낳으셨습니다. 그렇게 해서 인간에게 허락하신 게 무엇입니까? 하나님을 아빠라고 부르라고 하십니다.

제가 이 사실을 성령님께 깨우침을 받기 전까지는, 하나님이 하신 일이 가슴에 와닿지 않았습니다. "도대체 나한테 왜 이러시

은혜는 내일 오지 않는다

냐고요, 이유가 뭐냐고요, 날 사랑하신다는데, 왜 나를 사랑하십
니까?" 사랑을 실감나게 느껴본 적이 없기 때문에, 그 사랑이 의
심스럽고 이해가 안 되었습니다. 그런데 바로 그날, 말씀을 듣는
가운데 성령님이 양자의 영으로 저에게 임하셨습니다.

"희석아, 사실은 하나님이 네 아빠야, 겁내지 말고 아빠라고
불러봐" 하시는데, 하나님이 아버지로 믿어졌습니다. 그거 신기
하죠. 그분이 내 아버지인 겁니다. 그날 밤에 별 다른 기도도 안
했습니다. 그냥 밤새도록 "하나님, 내 아버지" 그렇게 부르는데,
하나님을 아버지라고 부르는 순간, 마음에는 엄청난 감격이 차오
르면서 밤새도록 울었습니다.

이렇게 하나님이 아버지라는 사실을 깨닫고 나니, 하나님의
행동이 다 이해되는 겁니다. 왜 하나님이 그 큰 희생을 치르셨는
지 아세요? 그분이 우리 아빠였던 겁니다. 그래서 그러셨습니다.
모든 의문이 풀렸습니다.

하나님의 선하심을 아는 지식

하나님께서 살아 계시다는 사실을 머리로 이해하는 것으로 만족
하는 분이 있습니까? 그런데 사실 머리로만 아는 지식은, 아무 쓸
데가 없습니다. 하나님께서 살아계신 것은 귀신들도 알기 때문입
니다. 하나님이 내 아버지가 아니라면, 그분이 살아 계신다 해도
나와는 상관없는 이야기가 됩니다.

시편 기자는 하나님을 아는 것을 이렇게 표현했습니다. "너

희는 여호와의 선하심을 맛보아 알지어다"(시 34:8). 여기서 맛보아 안다는 말씀을 조나단 에드워즈는 이렇게 설명했습니다. "꿀이 달다는 사실을 내 머리로 아는 것과, 혀로 꿀을 맛보고 나서 달다고 아는 것은 하늘과 땅 차이다."

이렇게 하나님을 아버지로 인식하고 나니까, 제 삶에서 크게 달라진 점이 있습니다. 목회자도 마음이 다치고 힘들 때가 있잖아요? 그런데도 어디 가서 상담받을 데가 없어요. 정말 마음이 아파 힘들면 아빠 하나님을 나지막이 부릅니다. 그러면 그때마다 항상 "나 여기 있다"라고 말씀하십니다. 별 특별한 말은 없으시지만 하나님께서 내 마음을 아신다고 생각하면, 이상하게 힘이 납니다.

이제 하나님을 제대로 아버지라고 불러봅시다. 하나님 아버지의 사랑을 확신하지 못하는 분들은, 마음에 '아버지'에 대한 왜곡된 이미지가 새겨져 있습니다. 아버지가 일찍 돌아가셨거나, 아버지로부터 버림받았거나 학대를 당했거나, 무능하거나, 아주 엄하게 양육을 받았거나 했던 경험이 있습니다. 사실 육신의 아버지는 불완전합니다. 나에게 상처를 준 아버지의 모습은 잊어버립시다. 그리고 우리의 진짜 아버지인 하나님 아버지를 마음에 새기기를 바랍니다.

하나님은 우리를 입양하시려고 예수님을 십자가에 내어주는 대가를 치르셨습니다. 얼마나 사랑하셨으면, 그런 말도 안 되는 희생을 불사했겠습니까?

제가 어릴 때 자주 들어본 광고 문구가 하나 있습니다. "개구장이라도 좋다. 튼튼하게만 자라다오." 부모들이 자녀에게 뭘 바라겠습니까? 이게 아버지의 마음 아니겠습니까? 이제 하나님을

은혜는 내일 오지 않는다

아빠 아버지로 모시고, 하나님의 가족으로 살아가면 됩니다. 그게 전부입니다.

저에게 두 자녀가 있습니다. 두 아이가 어떻게 할 때 제가 기쁠까요? 목사 자녀니까 맨날 성경 30장씩 읽고, 날마다 1시간 이상 기도하고, 교회 성도를 만날 때 언제나 예의 바르게 행동하고, 소위 목사 자녀다운 모습을 보이려고 애쓰는 모습을 볼 때 마음이 기쁠까요? 아니면 식탁에 둘러앉아 밥을 먹으면서 같이 웃고 떠들고, 같이 탁구 치고 놀고, 파자마 차림에 집에서 막춤도 함께 추면서 즐거워하는 것이 기쁘겠습니까?

맥스 루케이도가 쓴 책에 나오는 이야기입니다. 교회에서 퇴근해서 집으로 돌아올 때면, 도착도 안 했는데 벌써 아이들이 멀리서 아빠 차 소리를 듣고, "아빠다!" 하고 외치면서 현관문을 열고 밖으로 뛰어나온다는 겁니다. 막내는 기저귀를 차고 맨발로 뛰어나와, 아빠를 보는 순간 몸을 흔들어대면서 춤을 춥니다. 그럴 때 아빠는 어떻게 합니까? 동네 창피하게 무슨 짓이냐고 나무랄까요? 천만에요. 자신도 막내 옆에 서서 같이 춤을 춘다는 겁니다. 이게 가족입니다.

하나님 아버지의 마음을 살살 녹이는 방법이 있습니다. 내가 하나님의 자녀가 된 것을 기뻐하십시오. 입을 열 때마다 감사하십시오. 그리고 하나님 아버지께 사랑한다고 고백하십시오. 하나님을 즐거워하며 날마다 그분을 찬양하십시오.

그분이 가장 듣고 싶어 하는 말은 "아빠! 사랑해요" 이 한 마디입니다. 자녀를 키우느라 수고한 부모의 모든 땀과 눈물이 이 말 하나에 한순간에 사라지듯, "하나님 아버지, 사랑합니다" 이

한 마디 말에 우리를 입양하려고 치르신 십자가의 모든 수고가 한 순간에 사라집니다.

끊임없이 우리를 흔들어대는 사탄의 정죄로 하나님이 나를 사랑하시지 않는다고 생각하는 분이 있습니까? "아빠 아버지"라고 불러보십시오. 재정 압박으로 더 이상 사업하기 힘들다는 생각이 드십니까? "아빠 아버지"를 부르십시오. 부모 노릇하기가 너무 힘들어 이제 모든 기대를 접어버리고 싶습니까? "아빠 아버지"에게 부르짖으십시오.

항상 내 편이 되어주시는, 이 좋으신 하나님을 "아빠"라고 부르며, 그 넓은 품에 언제든지 안겨보십시오. 필요한 것은 구하고, 억울할 때는 아버지 하나님께 아뢰십시오. "아빠!" 이 한 마디에 하나님의 마음은 녹아내립니다. 한없는 위로로 우리를 위로하십니다. 이 좋으신 하나님을 아버지로 모시고, 날마다 부족함 없이 채우시는 아버지의 사랑을 풍성하게 누리며 살아가는 하나님의 자녀가 됩시다.

은혜는 내일 오지 않는다

성경을 보면 하나님께서 만물을 창조하실 때는
"내가 그것들을 만들었다"고 표현하십니다.
그런데 유독 사람의 창조에 관해서는
"너를 낳았다"라고 표현합니다.
우리는 하나님이 '만든' 존재들이 아니라는 겁니다.
우리는 하나님이 '낳은' 존재들입니다.
흔히 입양 부모가 표현하는 말을 빌리면,
하나님은 우리를 가슴으로 낳으셨습니다.
그렇게 해서 인간에게 허락하신 게 무엇입니까?
하나님을 아빠라고 부르라고 하십니다.

3부

주님 한 분이면

됩니다

11:31 데라가 그 아들 아브람과 하란의 아들인 그의 손자 롯과 그의 며느리 아브람의 아내 사래를 데리고 갈대아인의 우르를 떠나 가나안 땅으로 가고자 하더니 하란에 이르러 거기 거류하였으며 32 데라는 나이가 이백오 세가 되어 하란에서 죽었더라 12:1 여호와께서 아브람에게 이르시되 너는 너의 고향과 친척과 아버지의 집을 떠나 내가 네게 보여 줄 땅으로 가라 2 내가 너로 큰 민족을 이루고 네게 복을 주어 네 이름을 창대하게 하리니 너는 복이 될지라 3 너를 축복하는 자에게는 내가 복을 내리고 너를 저주하는 자에게는 내가 저주하리니 땅의 모든 족속이 너로 말미암아 복을 얻을 것이라 하신지라 4 이에 아브람이 여호와의 말씀을 따라갔고 롯도 그와 함께 갔으며 아브람이 하란을 떠날 때에 칠십오 세였더라 5 아브람이 그의 아내 사래와 조카 롯과 하란에서 모은 모든 소유와 얻은 사람들을 이끌고 가나안 땅으로 가려고 떠나서 마침내 가나안 땅에 들어갔더라

창세기 11:31~12:5

은혜는 내일 오지 않는다

11

인간의 끝, 하나님의 시작

가수 정인이 부른 "오르막길"이라는 노래가 있습니다. 가사는 이렇게 시작됩니다. "이제부터 웃음기 사라질 거야. 가파른 이 길을 좀 봐. 그래 오르기 전에 미소를 기억해두자. 오랫동안 못 볼지 몰라. 완만했던 우리가 지나온 길엔 달콤한 사랑의 향기, 이제 끈적이는 땀 거칠게 내쉬는 숨이 우리 유일한 대화일지 몰라."

젊은이들 사이에서 유행하는 노래인데, 오늘날 현대인의 고된 삶을 잘 묘사하고 있다고 생각합니다. 시편 90편의 기자는 "우리의 연수가 칠십이요 강건하면 팔십이라도 그 연수의 자랑은 수고와 슬픔뿐"(90:10)이라고 노래합니다. 일평생 수고만 하다가 가는 게 인생이라는 의미입니다.

오르막길의 가사는 이렇게 이어집니다. "한 걸음 이제 한 걸음일 뿐. 아득한 저 끝은 보지 마. 평온했던 길처럼 계속 나를 바라봐 줘. 그러면 견디겠어. 사랑해 이 길 함께 가는 그대, 굳이 고된 나를 택한 그대여." 이렇게 힘든 인생살이지만 그래도 누군가가 나를 바라봐주고 함께 이 길을 걷는다면, 이 험한 산을 끝까지 오를 수 있다는 노래입니다.

오르막을 힘겹게 오르듯이, 내 힘만으로는 살아가기 너무 힘든 게 우리 인생입니다. 이렇게 힘든 인생길에서 곤고할 때 마음껏 기댈 수 있는 대상이 있다면 얼마나 좋겠습니까? 꼭 하나님을 믿지 않더라도 인간은 뭔가를 의지하며 살아갑니다. 문제는 자신이 믿는 대상이 믿을 만한 대상인가에 있습니다. 우리는 그리스도인이 되었지만, 인생의 시련이 닥쳐왔을 때 믿음으로 반응하지 못하는 내 모습을 봅니다. 과연 내가 정말 예수 믿는 사람인가 싶을 정도로 믿음이 뿌리째 흔들릴 때도 있습니다.

본문에는 우리가 너무나도 잘 아는 아브라함이 등장합니다. 우리는 그를 믿음의 조상이라고 부릅니다. 아브라함의 믿음이 얼마나 대단했기에 조상 대접까지 받게 된 걸까요? "기록된 바 내가 너를 많은 민족의 조상으로 세웠다 하심과 같으니 그가 믿은 바 하나님은 죽은 자를 살리시며 없는 것을 있는 것으로 부르시는 이시니라 아브라함이 바랄 수 없는 중에 바라고 믿었으니 이는 네 후손이 이같으리라 하신 말씀대로 많은 민족의 조상이 되게 하려 하심이라"(롬 4:17~18).

이만하면 대단한 믿음 아닙니까? 가히 믿음의 조상이라고 불릴 만합니다. 그런데 아브라함의 생애를 자세히 들여다보면, 처음부터 그런 사람은 아니었습니다. 아브라함은 어떻게 그런 엄청난 믿음을 지닐 수 있었을까요? 나아가 우리는 어떻게 아브라함과

은혜는 내일 오지 않는다

같은 믿음의 사람이 될 수 있을까요? 아브라함의 믿음이 우리가 도저히 넘볼 수 없는 수준이라면, 성경에 기록되지 않았을 것입니다. 그러므로 우리에게도 가능한 일입니다. 그 전에 먼저 믿음의 몇 가지 특징을 살펴보기로 합시다.

믿음의 출발점: 자격 없음

첫째, 믿음은 무자격에서 시작합니다. 하나님께서 아브라함을 부르실 때를 보십시오. 아브라함은 하나님께서 부르실 만한 특별한 자질을 갖춘 사람처럼 보이지 않습니다. 우선 아브라함의 아버지 데라는 갈대아 우르에 살 때 우상을 섬겼습니다. 그렇다면 아브라함도 어느 정도 아버지와 함께 우상을 섬기지 않았을까요? 게다가 아브라함을 부르실 때 그에게는 자식도 없고 나이도 많았습니다. 인간적으로 하나님께 선택받을 자격이 하나도 없습니다. 여기서부터 아브라함의 믿음의 역사가 시작됩니다.

어디 아브라함뿐이겠습니까? 소위 믿음의 조상이라고 불리는 사람들도 마찬가지였습니다. 야곱을 보십시오. 하나님께서 왜 에서가 아닌 야곱을 선택하셨습니까? 야곱이 에서보다 하나님을 더 잘 믿을 것을 아셨기 때문입니까? 우리는 또 어떻습니까? 우리가 하나님을 잘 믿을 줄 미리 아시고 선택하신 것입니까? 그게 아닙니다. 하나님이 선택하셨기 때문에 우리가 하나님을 예배하고 그분의 은혜를 받아누릴 수 있는 것입니다.

그런데도 우리가 내심 듣고 싶어 하는 말이 있습니다. "사람은 볼 수 없지만, 그래도 하나님은 뭔가 선한 것이 우리 안에 있음을 보셨기 때문에 택하셨을 거야." 이런 말을 자꾸 듣고 싶어 합니다 그러나 하나님께는 이유가 없습니다. 자격을 따진 것이 아니고, 그냥 우리가 좋아서 하나님 마음대로 선택하셨습니다. 그게 전부입니다.

지금까지 20여 년 가까이, 제가 한 교회에서 담임목사로 섬길수 있었던 것은 무엇 때문입니까? 뭐 대단히 잘나지도 않고, 인품이 좋은 것도 아닙니다. 그런데 왜 하나님께서 저를 이곳에 세우셨을까요? 이유는 하나입니다. 하나님의 주권적인 역사입니다. "내가 너를 통해 일할 거야. 내가 좋아서 너를 광주사랑의교회 목사로 선택했다." 이것이 얼마나 큰 기쁨이고, 이것처럼 신나는 일이 세상에 어디 있습니까?

목회자로서 참 부끄러운 고백이지만 저는 금식도 잘 못합니다. 많이 먹지는 않지만 한 끼라도 굶으면 체력이 달려 어지럽습니다. 새벽형 인간도 아닙니다. 몇 년 전에 40일 특별새벽기도를 인도한 적이 있었습니다. 그때는 하루도 다른 사람에게 맡기지 않고 제가 다 했는데, 구름 위를 떠다닌다는 느낌이 들 정도로 몽롱하게 40일을 보냈습니다. 그래서 '이런 내가 무슨 목회를 한다고 하나?' 하는 생각이 저를 괴롭힐 때도 있습니다. 매일 새벽기도를 인도하시는 분들에 비하면, 저는 정말 하나님의 은혜로 목회를 하고 있습니다.

어디 저뿐이겠습니까? 하나님께서 우리 각 사람을 교회에서 직분자로, 순장으로 세우신 것이 어디 자격 있고 능력 있기 때문입니까? 스스로 잘 알지 않습니까? 직장도 마찬가지입니다. 하나

은혜는 내일 오지 않는다

님께서 그 자리에 앉혀 놓으셨다면, 그것은 내가 능력이 있기 때문이 아닙니다. 하나님께서 그 기쁘신 뜻에 따라 나를 세우신 것입니다.

따라서 내 눈으로 나를 보면서 자격 운운하면 안 됩니다. 하나님의 눈으로 나를 보고, 나에게 주신 분량에 따라 최선을 다하면 됩니다. 그렇게 하면 연약하고 부족하다고 할지라도, 그것 때문에 흔들리거나 낙심하지 않습니다. 믿음은 자격 없는 데서부터 시작합니다.

믿음의 과정: 하나님의 개입으로 날마다 성장함

둘째, 믿음은 점점 자라납니다. 하나님께서 아브라함에게 고향과 아버지 집을 떠나라고 했을 때 아브라함은 말씀대로 떠납니다. 그래서 우리는 이렇게 쉽게 말합니다. "와, 대단하다. 75세 나이에 어떻게 고향을 떠날 생각을 다 하나? 어떻게 이렇게 단번에 순종할 수 있지? 이러니까 믿음의 조상이라 불릴 만하지!"

그러나 본문 내용을 제대로 이해하려면, 앞뒤 문맥을 함께 살펴야 합니다. 12장에서 하나님께서 아브라함을 부르기 전에, 아브라함을 먼저 부르신 적이 있습니다. 31절에 보면 아브라함의 아버지인 데라가 식구들을 데리고 갈대아 우르를 떠났다고 했는데, 스데반 집사는 이 사실을 보다 자세하게 설명합니다. "스데반이 이르되 여러분 부형들이여 들으소서 우리 조상 아브라함이 하란에 있기 전 메소보다미아에 있을 때에 영광의 하나님이 그에게 보여 이르시되 네 고향과 친척을 떠나 내가 네게 보일 땅으로 가라 하시니"(행 7:2~3).

아브라함이 갈대아 우르에 있었을 때, 하나님께서 나타나서 똑같은 말씀, 즉 떠나라고 하셨습니다. 그때 아브라함은 아버지 데라와 함께 가나안 땅으로 가려고 떠났다고 했습니다. 그런데 하란이라는 곳에 이르자 거기 정착해버립니다. 왜 그랬을까요? 당시 하란은 번화한 도시였습니다. 생활에 필요한 모든 것을 구할 수 있는 곳이었습니다. 그래서 그냥 눌러앉습니다. 그리고 거기서 아버지 데라가 세상을 떠납니다. 하나님이 다시 아브라함에게 나타나신 때는 바로 이 무렵입니다.

이처럼 아브라함은 하나님의 말씀에 순종하기보다는 환경에 순응하는 사람이었습니다. 이런 그에게 하나님께서 두 번째 나타나신 겁니다. 그리고 고향과 친척, 아버지 집을 떠나라고 '다시' 말씀하시니까 그제야 떠납니다. 12장 5절에 보면, 성경 저자는 아주 재미있는 표현을 씁니다. "마침내 가나안 땅에 들어갔더라"(5).

"마침내"라는 단어에 저자가 어떤 마음을 담았는지 느껴지지 않습니까? '아니, 하나님이 자기를 부르신 지가 언젠데, 버티다 버티다가 이제야 들어가나? 그 믿음 참 한심하다.' 그래서 "마침내" 들어갔다고 표현한 것으로 보입니다.

우리도 비슷하지 않습니까? 겉으로 볼 때는 목사, 장로, 권사라면서 믿음이 좋은 깃 같지만, 하나님 말씀에 즉각 순송하기보다는 혈육의 정, 환경적인 안락함, 여러 이해관계 앞에서 망설일 때가 더 많습니다. 그때 하나님께서 개입하십니다. 말씀에 순종하지 않으면 안 될 환경을 만들어놓으십니다. 그러면 그때 겨우 움직입

　　　　　　　　　　　　　　　은혜는 내일 오지 않는다

니다. 믿음으로 즉각 반응하는 사람은 찾기 어렵습니다. 1번 부르고, 2번, 3번… 부르시면 마지못해 움직입니다.

구약성경에 나오는 선지자 요나를 보십시오. 그는 처음부터 니느웨로 가지 않았습니다. 정 반대편인 다시스로 가다가 죽을 고생을 하고 억지로 니느웨로 끌려가다시피 하지 않았습니까? 아브라함도 똑같습니다. 처음 부르셨는데 안 가니까 아버지를 먼저 데려가시고, 자식도 안 주셨습니다. 그리고 떠나면 복을 준다고 하니까 이제 겨우 떠납니다. 그렇게 가다 보니 어느덧 믿음이 자라고, 이렇게 끌려가다 보니 모리아산까지 오를 정도가 됩니다.

내가 믿음이 있어 자발적으로 간 것이 아닙니다. 믿음도 똑같습니다. 하나님이 끈질기게 나를 설득하고 또 설득해서 여기까지 오게 된 것이지, 내가 능동적으로 온 것이 아닙니다. 어떻게 보면 '질질 끌려왔다'고 표현해야 될 정도입니다. 내가 믿음이 좋아서 목회하고, 교회 섬기고, 순장 사역을 하고, 주일학교 교사 직분을 감당하는 것이 아닙니다.

저는 목회자이면서도 늘, "나 같은 사람이 뭘 해?" 이런 갈등의 연속을 경험합니다. 그러나 그럴 때마다 하나님은 망설이는 저를 설득하십니다. 이렇게 하나님께서 설득하시면 또 걸어가고, 이렇게 걸어가다 보면 어느 순간 골고다 언덕까지, 모리아산까지 걸어가게 되는 겁니다.

믿음은 과정입니다. 아브라함을 보세요. 하루아침에 이삭을 바치겠다고 모리아산에 오르는 일은 일어나지 않습니다. 갈대아에서 하란으로, 또다시 이집트로 내려갔다가 목숨 부지하겠다고 부인을 누이라고 속이기도 하고, 또 이삭을 못 기다리고 이스마엘을 얻기도 하고, 그러면서 결국은 모리아산에 이르는 겁니다.

나는 믿음이 없어 아무것도 못한다고 하지 마십시오. 처음부터 모리아산에 오를 만한 믿음이 있는 사람은 아무도 없습니다. 지금 내가 있는 그곳에서, 거기서 한 걸음만 앞으로 가면 됩니다. 한 걸음씩만 걸어가면 됩니다.

믿음의 완성: 믿음의 주도권은 하나님께 있음

셋째, 믿음은 하나님이 완성하십니다. 아브라함은 하나님의 명령을 따라 고향, 친척, 아버지 집을 떠납니다. 그러나 그의 눈에는 그저 끝없이 펼쳐진 황량한 광야만이 들어왔습니다. 이때 아브라함은 애굽으로 내려갑니다. 아마 그곳이 그래도 살 만한 곳이니까 하나님이 보여주시는 땅이라고 생각했던 것 같습니다. 그러나 거기서 하마터면 아내를 빼앗길 뻔한 곤욕을 치릅니다.

다시 벧엘로 돌아오지만 이번에는 소돔과 고모라 땅을 기웃거립니다. 그 땅이 얼마나 좋았던지 여호와의 동산 같았다고 했습니다. 이번에도 하나님께서 가라고 지시하시는 땅이 아닐까 하는 한 가닥 기대를 가졌을 것 같습니다. 하지만 황당하게도 조카 롯에게 빼앗기고, 아브라함은 여전히 메마른 광야에 있습니다.

하나님께서 아브라함에게 고향과 아버지 집을 떠나라고 하신 것은 하나님의 원대한 계획에 속한 일이었습니다. 하나님 명령에 순종해서 떠난 아브라함이었지만, 여정에는 고난에 고난이 이어졌습니다. 꿈을 따라 무작정 떠났지만, 눈에 보이는 땅은 황량한 광야가 전부이고, 100살이 다 되 가는데 자식 소식은 들리지 않습니다. '내가 혹시 잘못 들었던 것은 아닐까? 내가 지금 가는 이 길이 제대로 된 건가?' 아마 끊임없이 회의가 찾아오고, 포기하고 싶은 마음이 들었을 것입니다.

이렇게 흔들리는 아브라함을 하나님께서 다시 찾아오십니다. 그리고 하나님의 꿈을 말씀하십니다. "네 자손이 하늘의 별처럼 많아질 것"이라고 하십니다. 이 꿈을 아브라함을 통해 이루시겠다고 하십니다.

이 꿈은 아브라함이 원했던 것이 아닙니다. 100살이 다 되어 가는 늙은이 처지에 어떻게 이런 말도 안 되는 꿈을 꾸겠습니까? 그런데 하나님은 아브라함을 벌판으로 데리고 나가시더니, 하늘에 쏟아지는 별을 보여주시며 이런 황당한 말씀을 하십니다. 그러면서 나를 믿으라고 하십니다. 하나님은 말도 안 되는 꿈을 꾸게 하시면서 아브라함의 믿음을 완성시켜 나가십니다.

지금 우리 삶이 그렇습니다. 꿈을 갖기가 너무 힘든 현실입니다. 머리에는 핵을 이고 날마다 북한의 위협을 받고 있습니다. 미국과 중국이 경제 문제로 크게 한판 붙더니, 우리나라와 일본과의 경제 전쟁도 진행중입니다. 그야말로 한치 앞을 볼 수 없는 상황입니다. 100살이 다 된 아브라함에게 어떤 꿈도 사치였던 것처럼, 지금 우리 형편이 그렇습니다.

2018년 기준, 우리나라에서 스스로 목숨을 끊는 사람은 하루 37명에 달합니다. OECD 국가에서 불명예스러운 1위를 줄곧 차지하고 있습니다. 자살 이유는 생활고에서 오는 우울증과 정신적 스트레스 원인이 가장 높고, 남성 자살률이 여성보다 2.3배나 높으며 최근에는 청소년 자살률이 높아지고 있습니다.

젊은이들은 젊은이대로 고민이 많습니다. 경쟁사회 속에서 늘 쫓깁니다. 남들은 다 쉽게 가는 것 같은데, 나는 왜 하는 일마다 이렇게 일이 꼬이는지, 미래의 불확실성 앞에서 점점 어깨가 움츠러듭니다. 꿈을 갖기가 너무 힘이 듭니다.

노인도 마찬가지입니다. 일생을 열심히 살아왔지만, 결과는 생활고와 소외감이라면 어떤 심정일까요? 인생의 황혼에 여유와 낭만이 가득하지는 못할망정 비참함과 회한과 쓰라림이 불쑥불쑥 삶의 모든 영역을 침범합니다. 가정을 책임져야 하는 장년은 그 부담이 또 얼마나 큽니까? 이제 직장에서 물러나면 자식들 시집 장가는 어떻게 보내나? 그 책임감을 견디지 못해 힘들어 합니다.

이와 같은 현실에서 우리가 직접 삶을 책임질 수 없습니다. 하나님 없이는 너무 힘듭니다. 우리가 아브라함에게 배워야 하는 교훈이 "삶의 주도권을 누가 가지느냐" 하는 겁니다. 아브라함에게 믿음의 주체는 하나님이셨습니다. 일방적으로 아브라함에게 나타나셔서 떠날 것을 명령하셨고, 꿈을 보이시며 하나님 편에서 그 믿음의 주도권을 쥐고 그를 이끄셨습니다.

예수님은 하나님께서 우리의 믿음을 이끄신다는 말씀을 그림 그리듯 쉽게 설명해주셨습니다. "수고하고 무거운 짐 진 자들아 다 내게로 오라 내가 너희를 쉬게 하리라. 나는 마음이 온유하고 겸손하니 나의 멍에를 메고 내게 배우라 그리하면 너희 마음이 쉼을 얻으리니, 이는 내 멍에는 쉽고 내 짐은 가벼움이라 하시니라"(마 11:28~30).

이 말씀을 얼핏 보면 이해가 안 됩니다. 어릴 때 저는 시골에

은혜는 내일 오지 않는다

서 살았기 때문에 소달구지를 볼 기회가 많았습니다. 무거운 짐을 실은 소가 허연 침을 질질 흘리면서 언덕을 올라가던 모습이 아직도 눈에 생생합니다. 그때 어린 마음에도 "저 소는 얼마나 힘들까? 내가 소로 태어나지 않은 게 정말 다행이다"라고 생각한 적이 있습니다.

그런데 예수님은 자기 인생 하나 살아가는 것도 힘들어하는 우리에게 당신의 멍에까지 메라고 합니다. 멍에를 메어보지 않은 소는, 처음 일을 시킬 때 베테랑 소와 함께 짝을 이루게 합니다. 그러면 베테랑 소가 밭을 알아서 다 갑니다. 처음 일하는 소는 발걸음에 맞춰 걸어가기만 하면 됩니다.

이것이 주님이 하시는 말씀입니다. "나와 함께 보조를 맞춰 믿음으로 걸어가면, 내가 다 책임지겠다"라고 하십니다. 여기에 힘든 것이 있습니까? 믿음은 이처럼 내 짐을 지고 계시며 내 걸음을 인도하시는 예수님을 바라보며 나아가는 것입니다.

나를 성장시키려고 문제를 함께 허락하신다

아브라함은 처음부터 그렇게 믿음이 좋았던 사람은 아니었습니다. 아내를 누이라고 속여 거짓말도 하고, 약속을 기다리지 못하고 첩을 통해 이스마엘을 낳기도 했습니다.

이런 형편없는 모습이었지만, 하나님은 한번 부르신 그를 포기하지 않으시고 아브라함의 믿음 수준을 끌어올리셨습니다. 가히 하나님의 열심의 결과였습니다. 나중에 아브라함의 수준은 어디까지 올라갑니까? 죽은 자를 살리시는 하나님을 믿는 수준까지 올라갔습니다. "그가 하나님이 능히 이삭을 죽은 자 가운데서 다시 살리실 줄로 생각한지라"(히 11:19).

그 당시에 벌써 부활 신앙을 가질 정도의 수준까지 올라갔습니다. 얼마나 엄청난 믿음입니까? 이런 믿음은 스스로 노력한 결과가 아니고, 바랄 수 없는 중에 끊임없이 바라며 믿을 수 있도록 하나님께서 아브라함을 빚으시고 다듬으신 결과입니다.

며칠 전 한 방송에서 짧지만 참 의미 있는 이야기를 들었습니다. 나비가 되기 전에 애벌레는 꿈틀거리면서 천천히 기어갑니다. 그러다가 자그마한 돌이나 작은 나뭇가지라도 나타나면, 그것조차 넘기 힘들어 온몸을 비틀어가며 겨우 그 장애물을 넘어갑니다. 얼마나 고통스럽겠습니까? 그러나 그런 시간들이 다 지나면 애벌레는 드디어 나비가 됩니다. 그러면 훨훨 하늘 높이 날아오릅니다. 믿음의 성장도 이와 같습니다.

나의 믿음도 내가 키우고 성장시켜 온 것이 아닙니다. 하나님께 나 자신을 맡겨야 합니다. 그러면 하나님께 우리 자신을 맡긴다는 것은 무슨 뜻일까요?

하나님께서 우리의 믿음을 성장시키실 때, 우리에게 어떤 문제도 함께 주십니다. 그때 그 문제를 바라보는 바른 태도를 가져야 합니다. 가령 독수리가 하늘 높이 날아오를 때 평형을 유지하면서 그렇게 빠른 속도로 인징김 있게 날아가려면 한 가지 장애물을 극복해야 합니다. 다름 아닌 공기가 비행을 방해하기 때문입니다. 그럼 진공상태에 공기의 방해가 없다면 독수리가 더 잘 날 수 있을까요? 그렇다면 독수리는 1센티미터도 날지 못하고 땅에 떨

은혜는 내일 오지 않는다

어져버립니다. 독수리가 비행하는 데 방해가 되는 공기는 동시에 독수리를 하늘 높이 날게 하는 필수 조건이기 때문입니다.

우리 삶에는 파도처럼 끊임없이 문제가 닥쳐옵니다. 때로는 너무 힘들고 버거워 환경을 탓하고 하나님을 원망하는 마음이 들기도 합니다. 그러나 하나님께서 그 문제들을 허락하시는 이유는, 우리를 넘어지게 하고 힘들게 하려는 것이 아니라 믿음을 더 강하게 하시려는 겁니다. 그러므로 문제를 바라보는 우리의 태도가 정말 중요합니다. 이런 문제들을 통해 우리는 믿음으로 더 높이 날아올라야 합니다.

누구에게나 주어지는 문제, 그것을 이겨내는 사람에게는 문제는 시험(test)으로 그치지만, 지는 사람에게는 유혹(temptation)이 됩니다. 문제가 우리 삶을 좌우하는 것이 아니라 문제를 대하는 태도가 우리 삶을 결정합니다.

"나는 자격이 없어요. 나는 믿음이 부족해요. 나는 못해요." 이런 말은 믿음의 후손들이 할 말이 아닙니다. 우리는 약속을 붙들고 걸어가야 합니다. 하나님께 주도권을 맡기고 가는 겁니다. "내가 너로 큰 민족을 이루겠다." 내가 큰 민족을 이루는 것이 아니라, 하나님께서 큰 민족을 이루게 하십니다. 이 믿음으로 우리 신앙과 삶이 한 단계 업그레이드되는 은혜가 있기를 바랍니다.

7 빛은 실로 아름다운 것이라 눈으로 해를 보는 것이 즐거운 일이로다 8 사람이 여러 해를 살면 항상 즐거워할지로다 그러나 캄캄한 날들이 많으리니 그 날들을 생각할지로다 다가올 일은 다 헛되도다 9 청년이여 네 어린 때를 즐거워하며 네 청년의 날들을 마음에 기뻐하여 마음에 원하는 길들과 네 눈이 보는 대로 행하라 그러나 하나님이 이 모든 일로 말미암아 너를 심판하실 줄 알라 10 그런즉 근심이 네 마음에서 떠나게 하며 악이 네 몸에서 물러가게 하라 어릴 때와 검은 머리의 시절이 다 헛되니라

전도서 11:7~10

——— 은혜는 내일 오지 않는다

12

하나님 나라를 보는 렌즈

요즘 주위에서 직간접적으로 우울증으로 힘들어하는 분들의 소식을 많이 접합니다. 우리가 살아가는 현실도 그런데다가, 이런 우울감은 자기 상태와는 상관없이 느닷없이 찾아오기도 합니다. 최근에는 그런 이야기를 일주일 사이에 6명에게서 들었습니다. 그중에 두 분은 극단적인 시도를 하기도 했습니다.

하루하루가 정말 보람차고 즐겁고 사는 것이 황홀하게 느껴지는 사람도 있지만, 사는 게 통 재미없고 아무 의미도 느끼지 못하는 사람도 있습니다.

본문에서, 솔로몬 역시 세상을 좀 우울하게 보고 있지 않나 하는 생각이 듭니다. 8절을 보면, 우리 인생에는 캄캄한 날들이 많을 거라고 합니다. 여러 가지 어려움이 있다는 말입니다. 또 장래에 다가올 일은 다 헛되다고 했습니다. 사람은 누구나 한번 꿈을 이루어 보겠다고 열심히 공부도 하고, 평생을 몸 바쳐 열심히 일합니다. 그렇게 해서 그 꿈을 이루었다고 하더라도, 별것 아니라는 겁니다.

또한 어릴 때와 검은 머리의 시절이 다 헛되다고 했습니다. 청년의 때는 인생의 황금기입니다. 그러나 따지고 보면 그것도 다 허무하다고 합니다. 왜 그런가 하면, 빨리 지나가기 때문입니다. 여기 '헛되다'는 말의 히브리 원어에는 '빠르다'는 뜻이 있습니다. 청년의 때는 정말 잠깐입니다.

올해는 예년과는 다르게, 아내와 아이들이 제 생일에 신경을 쓰더군요. 그래서 "밖에서 외식이나 한번 하면 되지, 뭘 그렇게 신경 쓰니?" 하니까 아이들이 "아빠, 올해 환갑이잖아요!" 하는 겁니다. 그 순간 하늘이 하얘지는 것을 느꼈습니다. 환갑이라는 단어는 저와 상관없는 줄 알았습니다. 젊은 날들은 생각보다 훨씬 빨리 지나가버립니다.

전도자의 역발상

이렇게 세상에는 어두운 날이 많고 겉으로는 화려해 보여도 사실은 헛된 것뿐인데, 솔로몬은 이런 세상을 살아가는 방식에 대해 정반대 이야기를 합니다. "사람이 여러 해를 살면 항상 즐거워할지로다"(8). 헛된 것뿐인 세상이라고 하면서 또한 즐겁게 살라고 합니다. "청년이여 네 어린 때를 즐거워하며 네 청년의 날을 마음에 기뻐하며"(9).

은혜는 내일 오지 않는다

여기서 "즐겁게 살라"는 말은 무슨 뜻일까요? 허무한 인생이니까, 즐길 수 있는 것들을 다 찾아 마음껏 인생을 즐기면서 살라는 것일까요? 아니면 남 눈치 보지 말고 내 마음 가는 대로, 멋대로 살라는 건가요? 이렇게 캄캄한 날이 많은 인생이고, 성공했다 해도 별 것 없는 인생인데, 왜 하나님은 우리에게 즐겁게 살라고 말씀하실까요?

이 질문에 답을 하려면 먼저 전도서 전체의 흐름을 살펴보아야 합니다. 솔로몬은 전도서 1장부터 10장까지 삶의 허무에 대해 말했습니다. "재물, 권력, 쾌락, 다 누려보았지만 허무하더라." 이렇게 결론을 내립니다. 게다가 솔로몬은 넘치는 지혜로 세상의 많은 현상을 연구한 사람입니다. 그러나 그것조차 허무했다고 고백합니다.

그런데 전도서 결론 부분이 시작되는 본문을 보면, "항상 즐거워하라"고 하면서, 역발상적인 이야기를 합니다. 이유가 무엇일까요? 자신의 눈이 아닌, 하나님의 눈으로 세상을 바라보기 때문입니다.

솔로몬이 모든 것이 헛되다고 했던 데는 전제가 있었습니다. "해 아래에서 수고하는 모든 수고가 사람에게 무엇이 유익한가"(전 1:3). 해 아래에서 바라보는 인생은 허무하기 짝이 없습니다. 그런데 하나님이라는 렌즈, 다시 말해 '해 위의 세계'에서 세상을 보았더니, 모든 것이 달라 보였습니다. 우리가 전도서에서 배워야 할 것은 이 렌즈로 세상과 자기 삶을 보는 것입니다.

새로운 시각으로 보았더니 해 아래 세상이 전부가 아니고, 해 위의 세상이 있음을 알게 되었습니다. 이 세상 삶은 이것으로 끝이 아니라 영원한 세계로 연결되어 있다는 것에도 눈을 떴습니다. 그러므로 이제 즐겁게 살려면 하나님의 눈으로, 영원한 세계라는 렌즈를 통해 세상을 보아야 합니다.

솔로몬의 기쁨처방 1: 지금 살아있음에 기뻐하라

그럼 누가 해 위의 세계, 영원한 세계를 볼 수 있습니까? 예수를 믿고 새롭게 태어난 사람입니다. 우리가 바로 그런 사람입니다. 물론 내가 예수를 믿었다고 해서, 세상이 갑자기 달라지는 것은 아닙니다. 지금 내 앞에 펼쳐진 세상은, 아무리 보아도 여전히 웃을 만한 일이 별로 없습니다. 문제는 사라지지 않고 여전히 나를 힘들게 합니다.

또한 우리는 여전히 조건에 따라 즐거워하길 잘합니다. 돈이 넉넉하면 안심이 되고 자녀가 좋은 대학에 가면 기뻐하지만, 사업이 잘 안 풀리고, 건강이 나빠지면 낙심합니다. 그 이유가 무엇일까요? 비록 우리는 새로운 시각으로 볼 수 있게 되었지만, 여전히 해 아래의 시각으로 세상을 바라보려고 하는 옛 본성이 남아 있기 때문입니다.

그러므로 전도자는 항상 즐거워하라고 명령합니다. 명령한다는 것은 자연스럽게 나오는 행동이 아니라는 뜻입니다. 강제성을 띱니다. 형편과 상관없이, 조건과 상관없이, 억지로라도 해야 함이 전제되어 있습니다. 옛 본성을 이기고 항상 즐거워하려면, 육신의 눈이 어두워지면 안경을 끼듯이 영원한 세계라는 안경을 끼고 세상을 바라보려고 해야 합니다.

그러면 오늘을 기쁘게 살려면 어떻게 해야 할까요? 솔로몬은 두 가지를 구체적으로 실천하라고 조언합니다.

첫째, 해를 바라보고 즐거워해야 합니다. 이 말은 이 순간, 숨 쉬며 살아있는 것을 기뻐하라는 겁니다. "빛은 실로 아름다운 것이라 눈으로 해를 보는 것이 즐거운 일이로다"(7). 아침에 일어났을 때, 창문으로 들어온 빛을 보면서 내가 지금 살아 숨 쉬고 있다는 감격을 누리는 사람이 얼마나 될까요?

현실의 삶은 너무 각박합니다. 경쟁구도 속에서 정신없이 돌아갑니다. 모두들 살아남으려고 새벽부터 밤늦게까지 전쟁 치르듯 하루를 보냅니다. 잠시 해를 바라볼 여유조차 없습니다. 내가 느긋하게 해를 바라보는 동안, 남들에게 뒤쳐질지 모른다는 불안감 때문입니다. 그러다 보니, 당장 내 눈앞에 펼쳐진 상황이 전부입니다. 부닥친 문제를 해결하는 것이 급선무입니다. 사랑이나 감사, 해 위의 세계…, 그런 말에 마음과 관심을 기울일 여유가 없습니다. 그렇게 문제에 빠져 지내다 보니, 그것이 내 삶의 전부인 것처럼 착각해서 삶이 별로 유쾌하지 않은 것입니다.

누군가 이런 이야기를 했습니다. "똑같이 감옥살이를 해도 두 부류의 사람이 있다. 한 사람은 창살을 붙들고 찬란하게 떠오르는 태양을 바라보며 그 아름다움에 취해서, 자기가 감옥에 있다는 것도 잊어버리고 황홀해하는 사람. 다른 한 사람은 창살을 움켜쥐고 사방으로 높이 둘러싸인 형무소의 담을 쳐다보면서 울분을 이기지 못하고 이를 악물고 있는 사람." 똑같은 처지지만, 한 사람은 해를 보고 감격하는데 다른 한 사람은 형무소 담을 보고 이를 갈고 있습니다.

이 두 사람 중에서 당신은 누구를 닮았습니까? 해를 쳐다보며 살아 있음에 감격하고 즐거워하는 사람입니까? 아니면 답답한 환경만 보면서 분노하는 사람입니까? 피곤할 때 가끔은 파란 하늘을 올려다보세요. 마음이 괴로울 때 확 트인 바다를 찾아가십시오. 그 속에서 살아있음을 느껴보기 바랍니다.

제가 미국에서 공부할 때, 유학생활이 각박하고 힘들어서 수시로 좌절했습니다. 영어 실력이 모자라 밥 먹는 시간에도 책을 붙잡고 먹었습니다. 재정적인 어려움으로 수업이 끝나도 쉬지 못하고 일해야 했습니다. 산다는 것이 즐겁지가 않았습니다. 그럴 때마다, 저는 시카고에 있는 미시간 호수를 보러 갔습니다. 확 트인 바다 같은 호수를 보는데, 문득 그렇게 각박하게 살 때는 느끼지 못했던 하나님의 은혜가 느껴졌습니다. 어떻게 이곳까지 오게 하셨는데, 하나님께서 끝까지 책임져 주시지 않겠나? 하는 마음에 힘을 얻고 돌아오곤 했습니다.

꼭 바다를 찾아가지 않더라도, 잠시 하던 일을 멈추고 심호흡을 해도 됩니다. 지금 깊게 숨을 쉬면서 온 우주에서 살아가는 유일한 존재라는 황홀감을 느껴보십시오. 지금도 중환자실에서는 산소 호흡기를 끼고 사선에서 가쁜 숨을 내쉬는 중환자들이 있습니다. 지금도 마실 물이 없어 건 세계에서 매일 5,000명이 죽어가고, 먹을 양식이 없어 굶어 죽는 사람이 하루에 60,000명이나 됩니다. 생각해보면, 저녁에 먹을 양식이 있다는 것만으로도 얼마나 감사합니까? 그래도 두 발 뻗고 누울 수 있는 공간이 있다는 것이

은혜는 내일 오지 않는다

얼마나 감사합니까?

즐겁게 살길 원하십니까? 너무 일에 찌들어 살지 마십시오. 성공이니 출세니, 지나고 보면 다 헛된 영광입니다. 저 높은 하늘을 보십시오. 저 푸른 들판을 보십시오. 우리 하나님은 얼마나 자비로우신지, 가난한 사람도 실패한 사람도 창문만 열면 해를 볼 수 있도록 저 하늘 위에 매달아 놓으셨습니다.

혹시 엉뚱한 데서 즐거움을 찾고 있지는 않습니까? 그래서 즐거움은커녕 허무감만 가슴에 가득 안고 잠드는 날이 많지 않습니까? 마음의 여유가 필요합니다.

솔로몬의 기쁨처방 2:
보장 없는 내일의 성공보다, 보장된 오늘의 기쁨 누리기

둘째, 지금 이 순간을 즐거워해야 합니다. 하나님은 솔로몬을 통해서, 인생을 즐겁게 사는 또 하나의 방법을 가르쳐 주십니다. "사람이 여러 해를 살면 항상 즐거워할지로다"(8). 항상 즐거워하라는 말씀에는 지금 이 순간을 즐거워하라는 뜻이 내포되어 있습니다.

일반적으로 사람이 행복하게 살려면 어떤 조건이 충족되어야 한다고 생각합니다. 그래서 대부분 사람은 소원을 가집니다. 그리고 그 소원이 이루어져야 비로소 행복할 수 있다고 생각합니다. 고진감래라는 사자성어도 있습니다. 힘든 일 뒤에 기쁨이 온다는 뜻입니다. 그래서 선조들은 내일을 위해 오늘 굶주린 배를 움켜쥐고 잠을 청했습니다. 내일의 행복을 위해, 오늘을 참고 고생해야 한다는 말이 틀린 것은 아닙니다. 또한 꿈을 갖는다는 것이 잘못된 일은 아닙니다. 그 꿈을 이루기 위해 당연히 오늘 눈물로 씨앗을 뿌려야 합니다.

그러나 그 꿈을 이루어 보겠다고, 지금 나에게 주어진 시간을 즐거워하지 못하고, 일에 쫓기고 사람에게 쫓기고 시간에 쫓기면서 정신없이 하루를 산다면, 과연 그런 사람을 놓고 행복하다고 할 수 있겠습니까? 행복은 지금 이 시간에 존재하는 것이며, 내가 지금 살아 있는 즐거움을 누릴 수 있어야 행복감도 함께합니다. 당신은 시간을 사용하고 있습니까 아니면 시간이 당신을 사용하고 있습니까?

두 가정이 있다고 합시다. 한 가정은 맛있는 것 안 먹고, 새 옷도 안 사 입고, 여행도 안 가고, 그야말로 허리띠를 졸라매고 30년 저축을 해서 5억을 모았습니다. 그런데 다른 가정은, 외식도 적당히 하고 좋은 옷도 적당히 사 입으면서 30년 저축을 해서 2억을 모았습니다. 누가 더 행복하게 살았을까요?

인생에서 얼마나 대단한 걸 이루겠다고, 그렇게 가정도 포기하고 친구도 잃고 건강도 돌보지 않고 일에 쫓겨 삽니까? 내일을 위해 현재를 포기하지 마세요. 내일을 준비하지 말라는 말이 아닙니다. 보장 없는 내일의 성공을 위해, 오늘의 기쁨을 누리지 못하는 어리석음을 범하지 말라는 말입니다.

샬럿 키틀리라는, 한 평범한 영국 여인의 이야기입니다. 그녀가 몸의 이상증세를 느끼고 병원을 찾았을 때는, 이미 암세포가 대장과 간 그리고 폐까지 전이된 상태였습니다. 그는 25차례의 방

은혜는 내일 오지 않는다

사선 치료와 39번의 끔찍한 화학요법을 견뎌냈지만, 서른여섯의 나이로 끝내 숨을 거두고 맙니다. 이 여성이 투병하면서 블로그에 올린 글 중에 마지막 글이 많은 사람의 마음을 울렸습니다.

살고 싶은 날들이 저리도 많은데, 저에게는 그날들이 허락되지 않네요. 아이들 커가는 모습도 보고 싶고 못된 마누라가 되어 남편에게 잔소리도 하면서 함께 늙고도 싶은데, 그럴 시간을 안 주네요.

죽음을 앞두니 그렇더라고요. 매일 아침 아이들에게 일어나라고, 서두르라고, 이 닦으라고 소리 지르던 날들이 행복이더라고요.

살고 싶어서 해보고 싶은 치료는 다 해보았어요. 기본적인 치료도 다 받아보고, 몸에 좋다는 음식도 다 먹어보았습니다. 기름에 절인 치즈도 먹어보았고, 쓴 즙도 마셔보았습니다. 침도 맞아보았습니다. 그런데 그냥 귀한 시간을 낭비하는 거라는 생각이 들었습니다.

장례식에 관한 일들을 다 처리하고 나서는, 매일 아침 일어날 때 아이들을 껴안아주고, 뽀뽀해줄 수 있다는 것이 행복임을 느꼈습니다.

얼마 후에 나는 그의 곁에서 깨어나는 행복을 잃어버릴 것이고, 그이는 무심코 아침에 커피 잔 두 개를 꺼내다가, 이제 커피는 한 잔만 타도 된다는 사실에 슬퍼하겠지요. 딸아이 머리를 땋아줘야 하는데, 이제 누가 해줄까요? 아들 녀석의 잃어버린 레고 조각이 어디로 굴러 들어갔는지 저만 아는데, 앞으론 누가 찾아줄까요?

6개월 시한부 판정을 받았지만 22개월을 살았습니다. 그렇게 1년 보너스를 얻은 덕에, 아들 초등학교 입학 첫날, 학교에 데려다주는 기쁨을 누리고 떠날 수 있게 되었습니다. 녀석의 흔들거리던 이가 처음으로 빠져서 그 기념으로 자전거를 사주러 갔을 때는 정말 행복했습니다.

보너스 1년 덕분에 30대 중반이 아니라 30대 후반까지 살다 가네요. 복부 비만이요? 늘어나는 허리둘레요? 그거 한번 가져 봤으면 좋겠습니다. 희어지는 머리카락이요? 그거 한번 뽑아 봤으면 좋겠습니다. 그만큼 살아남았다는 이야기잖아요?

저는 한번 늙어보고 싶어요. 부디 삶을 즐기면서 사세요. 두 손으로 오늘의 삶을 꽉 붙드세요. 여러분이 부럽습니다.

살아 있다는 것은 이렇게 소중합니다. 하나님은 우리가 즐겁게 살기를 원하십니다. 하나님의 사랑을 독차지한 하나님의 자녀답게 살아갑시다. 장차 영원한 천국으로 들어가게 될 상속자인 우리가 아닙니까? 그러므로 하나님은 우리가 날마다 기쁘게 사는 것을 보기 원하십니다.

여러분, 여행 좋아하십니까? 저도 여행을 좋아하는데, 여행하면 참 즐겁습니다. 왜 그렇습니까? 일상을 벗어난다는 것도 그렇고, 여행지에서는 대부분 처음 보는 것이라서 새로운 경험이기 때문입니다. 그래서 하나라도 더 보려고 하고, 한 곳이라도 더 가보려고 합니다. 그런데 만약 여행이 끝났는데도 돌아갈 집이 없다면, 그 여행이 과연 즐거울까요?

은혜는 내일 오지 않는다

저는 우리 삶이 마치 세상에 잠시 여행 온 것과 같다고 생각합니다. 그래서 될 수 있는 한, 많은 것을 경험하려 합니다. 물론 저도 성공해보고 싶고, 끊임없이 새로운 일에 도전하기도 합니다. 그러나 언젠가는 집으로 돌아가야 하는 존재입니다.

이렇게 돌아갈 집을 두고 나온 여행이기 때문에, 하루하루 내가 경험하는 모든 일이 다 소중하고, 또 무엇 하나도 무의미하게 흘려보내고 싶지 않은 겁니다. 그래서 나의 하루하루가, 순간순간이 그렇게 가슴 저리도록 즐거운 겁니다. 언젠가 이 여행을 마치면 돌아갈 집이 있다는 사실을 떠올리면 오늘 내가 겪는 기쁨도 슬픔도, 모두가 가슴에 담고 싶은 소중한 추억이 됩니다.

비록 어두운 날이 더 많은 세상이지만, 우리는 즐겁게 사는 비결을 압니다. 하나님의 자녀로 새롭게 태어나 바뀐 시각을 가지게 되었기 때문입니다. 우리 모두는 해 위의 세계, 천국을 소유한 사람들입니다. 이 세상에서 여행을 마치는 날, 예수님과 손잡고 천국으로, 내 집으로 돌아갑니다. 그래서 지금 내 속에는 솟아나는 기쁨이 있습니다.

시시때때로 푸른 하늘을 봅시다. 백합화를 봅시다. 그리고 지금 나에게 허락하신 축복을 세어보며 즐거워합시다. 하나님께서 주신 오늘, 지금 이 순간을 즐거워하는 우리가 되기를 바랍니다. 오늘을 즐겁게 살다 보면, 기뻐할 일 없는 이 세상도 천국으로 화할 것이요, 그 기쁨은 영원한 천국으로 이어질 줄 믿습니다.

18 내가 진실로 진실로 네게 이르노니 네가 젊어서는 스스로 띠 띠고 원하는 곳으로 다녔거니와 늙어서는 네 팔을 벌리리니 남이 네게 띠 띠우고 원하지 아니하는 곳으로 데려가리라 19 이 말씀을 하심은 베드로가 어떠한 죽음으로 하나님께 영광을 돌릴 것을 가리키심이러라 이 말씀을 하시고 베드로에게 이르시되 나를 따르라 하시니

요한복음 21:18~19

은혜는 내일 오지 않는다

13

후회 없는 삶은 이렇게 삽니다

'근육 무력증'이라는 병을 들어 보셨습니까? 제가 미국에서 공부
할 때, 어떤 전도사님이 이 병에 걸렸는데, 몸에 힘이 하나도 없어
그냥 꼼짝 못하고 누워서 지내야 했습니다. 심지어 고개도 들지
못할 정도였습니다. 그런데 근육 무력증보다 더 무서운 병이 있습
니다. 바로 정신 무력증입니다.

얼마 전, 우리나라 젊은이들이 결혼도 안 하려고 하고, 결혼
해도 아이를 안 낳으려고 한다는 뉴스가 있었습니다. 그런데 뉴스
아래 달린 댓글 하나가 제 마음을 먹먹하게 했습니다. 내용은 대
강 이랬습니다.

서로 사랑해서 결혼했지만 흙 수저 출신이라는 겁니다. 그러
니까 부모로부터 물려받은 유산도 없고, 그렇게 많이 벌지도 못
합니다. 그런 상황에서 애를 낳아 키우려면 현실적으로 자녀 양육

비를 어떻게 감당하겠냐는 겁니다. 설사 낳아서 키운다고 해도 아이가 돈 있는 집 아이들과 비교당하면서 크는 모습은 상상만 해도 싫다는 겁니다. '옛날에는 흙 수저 출신이라도 노력하면 어느 정도 성공할 수 있었는데, 이젠 그런 기회도 오지 않는다. 그러니까 아예 자식 안 낳고 둘이 사는 것이 경제적으로도 인생을 즐기며 살 수 있기에 훨씬 낫다. 예전에는 자식이 있으면 노후에 어느 정도 의지가 되었지만, 이젠 부모 늙었다고 기꺼이 부양하려는 자식도 찾기 힘들 거고. 자신도 지금까지 힘들게 살아왔는데, 그걸 생각하면 아이들도 경쟁사회 속에서 고통스럽게 살아가는 모습을 보게 될 것 같아 싫다…' 이런 논리입니다. 이 댓글이 지금 무력감에 빠져 있는 한국 사회를 비교적 정확히 보여주고 있다고 생각합니다.

학습된 무기력

실제로 어떤 행동심리학자가 개를 대상으로 실험을 했습니다. 개를 목줄로 매어 단단히 기둥에 묶어놓습니다. 그리고 주기적으로 약간 따끔할 정도로 전기 충격을 줍니다. 개가 어떻게 하겠습니까? 처음에는 고통에서 벗어나려고 적극 도망을 칩니다. 그러나 곧바로 목줄 때문에 실패합니다. 계속 충격을 주고, 고통에 놀라 도망치려다 실패하고, … 이렇게 실패 경험을 반복하면 개는 서서히 자기가 도망갈 수 없음을 배웁니다. 그때쯤, 목줄을 풀어놓고 동일한 전기충격을 가합니다.

은혜는 내일 오지 않는다

어떻게 되었을까요? 개는 자유로워졌는데도 도망을 못 갑니다. 이것을 가리켜서 '학습된 무기력'이라고 합니다. 왜 그럴까요? 다리가 부러진 게 아닙니다. 그 마음이 무기력으로 통제받기 때문에 상황을 개선하려는 의욕 자체가 생기지 않는 겁니다. 고통이 있지만 그냥 자포자기한 채 머물러 삽니다. 이것이 무력증입니다.

무기력은 신체 결함이 아닙니다. 강력한 마음의 질병인데, 이 무기력이, 노인과, 장년 그리고 젊은이까지, 이 나라 전 세대를 짓누르고 있습니다. 왜 이렇게 되었습니까? 지금 서울에서 아파트 한 채를 사려면 34년이 걸린답니다. 그것도 아무것도 안 먹고 모아야 그렇습니다. 엄마 아빠는 아이들 성공시키겠다고 자기 인생을 갈아 넣어 열심히 뒷바라지하지만, 한 달에 500만 원짜리 족집게 과외를 받는 아이들을 능가할 수 없습니다.

열심히 사는데도 나아지는 게 없습니다. 이젠 열심히 살지 않아도 부모가 부자면 자식도 저절로 부자가 됩니다. 그러니까 열심히 살 의욕이 사라지는 겁니다. 지금 우리 모두는, 나를 짓누르는 거대한 문제 앞에서 답답함과 두려움을 느낍니다. 여기서 빨리 벗어나야 되는데 무기력이 자꾸 학습되고 있습니다.

영적인 면에서도 마찬가지입니다. 계속되는 신앙생활의 실패가 우리를 자꾸 무기력에 빠지게 합니다. 죄 문제만 해도 그렇습니다. 죄를 짓지 말아야 한다는 것은 압니다. 그리고 정말 죄에서 자유롭고 싶습니다. 그런데 어떻습니까? 어느새 죄의 자리에 앉아 있는 나를 발견합니다.

그러다 보니 죄를 지어도 "또 죄를 지을 텐데 회개하면 뭐하나?" 이러면서 진실하게 참회도 하지 않습니다. 매 주일 말씀을 들을 때는 '그렇게 한 번 살아봐야지' 하고 결심하지만, 또 말씀대로 살지 못하고 주일에 교회 오는 자기 모습이 너무 혐오스러운 겁니다.

통제권을 넘기는 삶

그럼 이제 어떻게 해야 하겠습니까? 무기력이 문제라는 것은 알겠는데, 이것을 어떻게 돌파해야 할까요?

먼저, 사람이 왜 무기력에 빠집니까? 쉽게 설명하면 자신이 통제할 수 없는 상황이나 거대한 문제를 만났을 때 그렇습니다. 다시 말해 무기력이라는 문제의 핵심은, 그 문제를 내가 통제할 수 있느냐 없느냐 하는 겁니다. 통제할 수 있으면 자존감이 높아지지만, 그렇지 못할 때 무기력의 늪에 빠집니다.

이 무기력을 깨뜨리는 방법이 있습니다. 바로 사명의식을 갖는 겁니다. "네 힘으로 통제할 수 없는 문제를 만났느냐? 그래서 지금 무기력에 빠져 있느냐? 그렇다면 이제 나의 통제를 받아라. 그러면 네 문제를 돌파할 수 있다." 이겁니다. 여기서 하나님의 통제를 받는다는 말은 하나님의 부르심을 받는다는 의미와 같습니다.

인생의 가장 무기력한 상태에서 예수님을 만나, 무력감을 떨쳐 버리고 다시 일어났던 한 사람이 있습니다. 오늘 본문에 등장하는 베드로가 그랬습니다. 예수님께서 베드로를 다시 만나셨을 때 베드로는 완벽한 무기력에 빠져 있었습니다.

은혜는 내일 오지 않는다

유월절 만찬 자리에서, 예수께서 십자가에서 곧 죽어야 함을 말씀하셨을 때 베드로는 무슨 말을 했습니까? 자기가 있는 한, 그런 일은 절대로 일어나지 않을 것이고, 만일 그런 일이 일어나 모두 도망가도 자신은 절대 그렇지 않을 거라고 호언장담을 했습니다. 자신이 그 문제를 통제할 수 있다고 자신했습니다.

그런데 어떻게 되었습니까? 실제로 군사들이 예수님을 잡으러 왔을 때, 그 거대한 힘을 막을 수 없었습니다. 칼을 한번 휘둘러보기는 했지만 종 하나의 귀만 잘랐을 뿐입니다. 어부 출신이 무슨 칼을 만져 보았겠어요? 결국 다 도망갔습니다. 끝까지 배신하지 않겠다는 약속도 두려움 앞에서 다 무너집니다. 결국, 눈앞에서 스승이 못 박히는데 아무것도 못했습니다.

여기서 베드로가 깨달은 게 뭡니까? 문제는 뻥뻥 터지는데, 자신이 통제할 수 있는 게 하나도 없었습니다. 실패, 실패 또 실패, 계속되는 실패 경험만 할 뿐이었습니다. 그는 완전히 무기력에 빠졌습니다. 그래서 모든 도전을 멈추고, 다시 예전 어부 생활로 돌아갑니다. 지금 베드로는 완전히 무기력에 빠져 아무 비전이 없습니다. 이스라엘 왕국의 회복을 꿈꾸던 그가, 그냥 하루 벌어 하루 사는 인생으로 돌아간 겁니다.

예수님은 무기력에 빠진 베드로를 찾아가십니다. 베드로에게 다시 사명을 주십니다. "네가 나를 사랑하느냐? 그럼 내 양을 먹이라, 너는 그 자리를 털고 일어나서, 내 양 떼를 쳐라." 이렇게 사명을 주십니다.

그런 다음 하신 말씀이 18절인데, 이게 약간 이해하기 어렵습니다. "내가 진실로 진실로 네게 이르노니 네가 젊어서는 스스로 띠 띠고 원하는 곳으로 다녔거니와 늙어서는 네 팔을 벌리리니 남이 네게 띠 띠우고 원하지 아니하는 곳으로 데려 가리라."

여기서 "젊다"는 단어가 '네오스'인데요. 이게 젊다는 뜻도 있지만, 또 '야생 상태'라는 의미도 포함합니다. 다시 말해서 "길들여지지 않은 야생 상태에서는" 베드로 마음대로, 원하는 대로 다 했다는 겁니다. 그런데 이제는 남이 너에게 띠를 띠우고, 그들이 너를 끌고 간다고 하십니다.

그리고 베드로의 허리를 묶는 띠는 무엇일까요? 경마 경기에서는 경주 전에 기수가 말을 다루기 위해 그 입에 재갈을 씌우는데, 바로 그런 종류입니다. 즉, 이 구절은 "이전에는 네 맘대로 살았지만, 이제는 내가 네 위에 올라타서 너의 인생을 조종하겠다" 이겁니다. 이것이 부르심, 즉 소명입니다.

하나님의 다스림을 받는 자의 축복

그런데 이때 부르심을 오해하시면 안 됩니다. '하나님을 믿으면, 하나님이 내 자유를 빼앗아서 인생이 참 피곤해진다…' 부르심을 이런 식으로 부정적으로 생각하는 사람들이 있습니다. 정말 그럴까요? 영화를 보면, 말들이 경주하려고 할 때 야생마가 하나 있고, 기수가 올라탄 길들여진 말이 있습니다. 경주하면 누가 이길 것 같습니까? 제 멋대로 살아온 야생마가 이길까요? 아니면 기수가 통제하는 말이 이길까요? 야생마는 기수가 탄 말을 절대로 못 이깁니다.

야생마는 달리다가 당근이 보이면 절대로 그냥 지나치지 않습니다. 그게 말의 본성입니다. 달리다가 암말을 보면요? 그럼 수작을 부리고 싶어집니다. 자기 본능을 거역하지 못합니다. 그래서 십중팔구 야생마는 목적지까지 가지 못하거나, 가더라도 1등은 못합니다. 그런데 기수가 등에 올라타서 말의 본성을 통제해주면 목적지까지 갈 수 있고, 경주에서도 이길 수 있습니다. 기수의 통제 아래에 있는 말은, 어떤 본성의 벽을 만나도 자기 한계를 뚫고 마침내 1등을 합니다.

예수님은 이렇게 선언하십니다. "베드로야, 이전까지는 네 멋대로 살아서 결국 이렇게 무기력해졌지. 그러나 이제는 내가 야생마 같은 네 위에 올라타서 너를 통제하겠다. 네가 한눈팔고 싶을 때 그렇게 못하게 할 거야." 잠시 쉬고 싶더라도, 필요에 따라 몰아붙이기도 하시겠다는 겁니다. 베드로가 원치 않는 일이더라도 시키겠다는 겁니다.

이렇게 하나님이 통제하시는 삶을 살다가 정신차려 보면, 목적지에 도착해 있습니다. 사명을 완수한 겁니다. 지금 예수님은 무기력에 빠진 베드로에게, 내가 너 완주하게 해줄게, 하고 말씀하십니다. 목적지까지 나와 함께 가자고 부르시는 겁니다.

이렇게 예수님을 다시 만난 후 베드로의 달라진 인생을 보십시오. 하나님이 통제하시기 전의 삶과 후의 삶은 완전히 달라집니다. 베드로가 예수님의 통제를 벗어났을 때는 무기력에 빠져 꿈도 비전도 잃었습니다. 그러나 예수님이 그의 인생에 올라타셔서 그의 삶을 통제하시자, 한 번 설교할 때 3,000명이나 예수께로 돌아옵니다. 철저히 무기력했던 한 사람이, 하나님의 부르심에 순종했을 때 이런 일이 일어납니다. 그래서 바울은 하나님의 통제 능력을 이렇게 선언합니다. "내게 능력 주시는 자 안에서 내가 모든 것을 할 수 있느니라"(빌 4:13). 이게 하나님의 통제 아래 있는 사람이 하는 말입니다.

이제 우리도 하나님께서 모든 것을 완벽히 통제하신다는 사실을 믿고 그분의 부르심에 순종해야 합니다. 바로 그때 내 문제가 큰 가능성으로 바뀌는 역사가 일어납니다. 하나님께서 나를 통제하시면, 나는 목적지까지 갈 수 있습니다.

그런데 하나님은 왜 우리 위에 올라타셔서 그렇게 수고하시려 합니까? 하나님의 통제가 싫어 항상 도망다니기 바쁜 우리를 끝까지 이끄시는 이유가 뭡니까? 저는 이것이 하나님의 사랑이라고 생각합니다.

예수님께서 베드로에게 물으십니다. "네가 나를 사랑하느냐?" 이 질문을 왜 하시겠어요? 예수님께서 먼저 베드로를 사랑하시기 때문에 그렇게 물으시는 것 아니겠습니까?" 우리를 사랑하시는 하나님 아버지의 본성 덕분에 우리를 포기하지 않으시고, 마침내 우리를 목적지까지 끌고 가는 겁니다. 그렇게 무력하게, 되는 대로, 무가치한 인생 살지 말고 한번 제대로 살아보자고 우리를 이끄시는 겁니다.

참 놀라운 진리가 하나 있습니다. 하나님이 우리를 부르실 때는 의논하시는 법이 없다는 사실입니다. 그냥 일방적입니다. 베드로가 예수님을 배신한 후에 용서를 빌겠다고 예수님을 찾아 다녔습니까? 다 끝났다고 자포자기한 상태에서 물고기나 잡으러 간 그를 일방적으로 찾아오셨을 뿐입니다.

은혜는 내일 오지 않는다

후회 없는 인생을 사는 비결

어떻게 하면 인생을 후회하지 않고 살 수 있을까? 요즈음 저는 부쩍 이 생각이 듭니다. 이 땅의 부귀영화가 다 무슨 소용 있습니까? 서울의 아파트 한 채 값이 20억이면 어떻고 30억이면 어떻습니까? 내 자식이 공부를 잘해서 명문 대학에 들어가고, 좋은 직장에 들어간다고 나중에 부모를 잘 모실 것 같습니까? 그냥 자식 키우다가 늙은 몸뚱이 하나 남습니다. 다 부질없는 일입니다.

저 역시 교회가 커지고, 소위 한국 교회사에 길이 이름을 남겨 사람들에게 칭송을 받는다고 한들, 그게 무슨 소용이 있습니까? 저는 이제 다른 소원이 없습니다. 제가 가장 바라는 것은 하나님께서 나를 부르신 그 일을 위해 한 생을 드리며 살다가 예수님 앞에 서는 겁니다. 그리고 성도들이 각각 주님의 부르심을 발견하고 거기에 순종하며 살다가 주님 앞에 섰으면 하는 바람이 있습니다. 그게 진정 가치 있는 인생 아니겠습니까?

저는 청소년기 시절, 교회에서 죄 짓지 말라는 말을 들은 것 외에는 별로 기억나는 것이 없습니다. 담배 피지 마라, 술 마시지 마라, 여자 사귀지 마라, 허구한 날 하지 말라는 말만 들었습니다. 우리에게 죄 짓지 말라고 해서, 죄를 안 짓습니까? 잠깐 망설이고 갈등하느라 시간차는 있지만, 다 짓잖아요? 할 짓 다 하잖아요? 왜 죄를 지으면 안 되는지, 죄를 짓는 일보다 더 재미있는 게 많다는 사실을 알려주었더라면, 굳이 여러 시행착오를 거치지 않아도 됐으리라 생각합니다.

출애굽기 21장에 나오는 이야기입니다. 당시 율법에 의하면,

일단 어떤 이유에서든지 종의 신분으로 팔려가면, 그는 자신을 산 주인을 여섯 해 동안 섬겨야 합니다. 그러나 일곱째 해에는 무조건 자유인으로 해방했습니다. 당시 노예들에게 이것은 얼마나 큰 희망이었겠습니까? "비록 내가 지금은 노예로 팔려와 짐승처럼 살지만, 이제 기한이 끝나면 나는 자유다." 이 소망으로 고통을 견뎌냈을 겁니다.

그런데 그 기간이 다해서, 노예가 자유를 되찾을 수 있는 권한이 주어졌는데, 일부 노예들이 이상한 행동을 하는 겁니다. 자유를 누릴 권한을 반납하고, 그냥 주인의 노예로 계속 살게 해달라고 합니다. 그러면 주인은, 이 노예가 어떤 타의나 강압에 의해 그러는 것이 아니고, 정말 자기 의지로 그것을 원한다는 것을 증명해야 합니다. 그래서 재판장 앞에 가서 그 증거로 재판장이 보는 앞에서 귀를 뚫습니다. 그러면 이 귀 뚫린 종은 자유인으로서 권한을 반납하고, 평생 주인의 노예로 살겠다는 결단을 했다고 인정해줍니다.

그 시대로 거슬러 올라가 한번 상상해볼까요? 지금 귀를 뚫으려고 나무기둥에 자기 귀를 갖다 대고, 주인의 손에 이제 자신의 운명을 맡기려는 종의 표정이 떠오르십니까? 분노와 울분과 억압으로 가득 찬 표정이었을까요? 절대 아니었을 것입니다. 어쩌면 그 눈에는 감격의 눈물, 기쁨의 눈물이 가득했을지도 모릅니다. 얼마나 그 주인에 대한 은혜와 감격이 컸으면 스스로 자유를 반납하고 평생 주인의 노예로 살겠다고 결단했을까요? 사람 취급 제대로 못 받던 시대에 주인이 얼마나 따뜻하게 대했으면, 이렇게 자발적으로 노예 생활을 계속 하겠다고 귀를 뚫는 자리까지 가겠

　　　　　　　　　　　　은혜는 내일 오지 않는다

습니까?

구원은 감격입니다. 나한테는 구원받을 이유를 아무리 찾아 봐도 없어요. 자격도, 조건도 갖추지 못했는데 예수님께서 나를 위해 십자가에서 대신 죽으시고 구원하셨습니다. 그렇다면 이제 우리가 해야 할 질문이 있습니다. "왜 나를 구원하셨나요?" 아, 나를 들어 당신의 뜻대로 사용하시려고 구원하셨구나! 이 깨달음, 이것이 바로 소명의 출발점입니다.

사명자는 이렇게 산다

우리가 지금 영적 무기력에 빠져 있지는 않은지 돌아볼 수 있기를 원합니다. 반복해서 짓는 죄로, 나는 구제불능인가보다 하는 생각이 듭니까? 전형적인 영적 무력감입니다. 안 믿는 남편을 위해 그렇게 오랫동안 기도하는데도 요지부동입니다. 그래서 이젠 기도를 하면서도 확신도 없고 기대감도 점점 사라진다면 소명의식을 발동해야 할 때입니다. "내가 이 집에 선교사로 부름받았다"는 사명감으로 무장해야 합니다.

자녀를 위해 기도하다 점점 지쳐가고 있습니까? 자식을 믿음으로 바로 세우는 일도 부모의 소명입니다. 그렇다면 이렇게 믿음으로 외치세요. "내 자식, 이대로 무너질 그런 시시한 사람 아니야. 하나님께서 그런 아이를 주셨을 리가 없어. 내가 기도하는 이상, 반드시 다시 일어날 거야."

무엇을 위해 자기 생을 불태워야 할지 아직 확실하지 않습니까? 이 문제를 놓고 부르짖어 기도하시기 바랍니다. 반복되는 실패로 무기력에 빠져 있습니까? 그 문제를 들고 하나님 앞으로 나아가길 바랍니다. 전능하신 아버지의 통제 속으로 들어가면 됩니다. 그리고 나를 부르시는 그 부르심을 발견하고 순종할 수 있기를 원합니다.

《그 청년 바보 의사》라는 책이 있습니다. 서른세 살의 꽃다운 나이에 이 세상을 떠난, 안수현이라는 젊은 의사 이야기입니다. 죽음이야 젊고 늙고를 가리지 않지요? 그런데 이분의 죽음이 왜 화젯거리가 되었는가 하면, 이 젊은이의 장례식에 4,000명이 넘는 조문객이 찾아온 겁니다. 그리고 조문객 중에는, 병원 청소하시는 분, 식당 아줌마, 침대 미는 도우미, 매점 앞에서 구두 닦는 분도 계셨습니다. 도대체 어떤 삶을 살았기에 그랬을까? 궁금하지 않습니까?

이분은 신실한 크리스천 청년이었습니다. 의대 인턴 시절이 얼마나 힘듭니까? 늘 잠이 부족하죠. 그런데도 자기 잠을 줄여가며 교회에서 성경공부 리더와 찬양팀 리더로 섬겼습니다. 인턴과 레지던트 시절에도, 근무시간이 아닐 때도 병원을 돌아다니며 담당 암 환자들의 병 치료는 물론 상한 영혼을 보살피는 역할까지 담당했습니다. 항상 손에 신앙 서적과 찬양 테이프를 들고 다니면서 병으로 낙심하고 절망에 빠진 환자들에게 예수님을 전하고, 그들이 손끼 받이 되이 몸의 병은 물론 영혼의 아픔을 보듬는 데 시간을 투자했습니다.

할 말만 하고 휙 돌아서는 그런 매몰찬 의사가 아니었습니다. 환자와 눈이 마주치면 "얼마나 많이 아프시냐?" 묻기도 하고, 빨

은혜는 내일 오지 않는다

리 처치를 못해줘 미안하다고 웃어주기도 하고, 간호하는 아들이 잘 생겼다고 덕담도 했습니다. 또 입원한 환자가 첫날을 맞이하면, 한밤중에도 찾아가 환자의 침대 곁에서 기도해주었습니다.

하루는 간암으로 시한부 판정을 받은 한 할아버지가 죽음에 대한 중압감을 못 이겨 링거바늘을 빼버리고 행패부리며 병실 바닥을 피로 물들게 하면서 난동을 부릴 때, 그런 할아버지를 끌어안으며 "할아버지, 힘드신 거 다 알아요" 하며 같이 울어주니까 할아버지는 목 놓아 오래오래 울었다고 합니다. 어떤 때는 백혈병 치료로 머리털이 다 빠진 소녀에게 예쁜 털모자를 사서 선물하기도 하고, 휠체어에 앉아 걷지 못하는 아이를 자기 차에 태워 음악회에 데려가기도 했습니다.

그런데 이분의 이메일 아이디가 무엇이었는지 아십니까? '스티그마'였습니다. 스티그마는 헬라어로 '흔적'이라는 뜻입니다. 바울 시대에 이 스티그마는 영원히 주인의 노예로 살아야 한다는 표시로 노예의 몸에 새겨졌습니다. 그러니까 청년 의사 안수현은 스스로 예수님의 노예가 되길 원했고, 평생 예수님의 노예로 살길 원했습니다. 얼마나 예수님의 사랑에 감격했으면, 스스로 그분의 노예가 되길 원했을까요? 그는 바울처럼 오직 예수, 평생 예수님의 노예로 살아갈 것을 결심했습니다.

반복되는 실패로 무기력에 빠진 분들 계십니까? 그 문제를 들고 이 시간 하나님 앞으로 나아가길 바랍니다. 전능하신 아버지의 통제 속으로 들어가십시오. 하나님 앞에 항복하세요. "하나님, 말씀해주세요. 제 남은 생애는 무엇을 위해 집중하고 달려가야 합니까? 하나님께서 나를 부르신 소명은 무엇입니까?" 그리고 나를 부르시는 그 부르심을 발견하고 거기 순종하기 바랍니다. 바로 그 때, 예수님께서 내 문제를 통제하시고, 선한 길로 인도하실 줄 믿 습니다.

은혜는 내일 오지 않는다

이렇게 예수님을 다시 만난 후
베드로의 달라진 인생을 보십시오.
하나님이 통제하시기 전의 삶과
후의 삶은 완전히 달라집니다.
베드로가 예수님의 통제를 벗어났을 때는
무기력에 빠져 꿈도 비전도 잃었습니다.
그러나 예수님이 그의 인생에 올라타셔서
그의 삶을 통제하시자, 한 번 설교할 때
3,000명이나 예수께로 돌아옵니다.
철저히 무기력했던 한 사람이,
하나님의 부르심에 순종했을 때
이런 일이 일어납니다.

1 마음의 경영은 사람에게 있어도 말의 응답은 여호와께로부터 나오느니라 2 사람의 행위가 자기 보기에는 모두 깨끗하여도 여호와는 심령을 감찰하시느니라 3 너의 행사를 여호와께 맡기라 그리하면 네가 경영하는 것이 이루어지리라 4 여호와께서 온갖 것을 그 쓰임에 적당하게 지으셨나니 악인도 악한 날에 적당하게 하셨느니라 5 무릇 마음이 교만한 자를 여호와께서 미워하시나니 피차 손을 잡을지라도 벌을 면하지 못하리라 6 인자와 진리로 인하여 죄악이 속하게 되고 여호와를 경외함으로 말미암아 악에서 떠나게 되느니라 7 사람의 행위가 여호와를 기쁘시게 하면 그 사람의 원수라도 그와 더불어 화목하게 하시느니라 8 적은 소득이 공의를 겸하면 많은 소득이 불의를 겸한 것보다 나으니라 9 사람이 마음으로 자기의 길을 계획할지라도 그의 걸음을 인도하시는 이는 여호와시니라

잠언 16:1~9

은혜는 내일 오지 않는다

14

하나님보다 앞서지 맙시다

이번에 사랑채플 신축을 하면서 은행에서 대출을 받았습니다. 금리에는 변동금리가 있고 고정금리가 있습니다. "어느 쪽을 선택할 것인가?" 장로님들과 고민을 많이 했습니다. 둘 다 장단점이 있습니다. 결국 고민의 핵심은 앞으로 금리가 오를 것인가 내려갈 것인가를 알아야 했는데, 많은 경우의 수를 오랫동안 꼼꼼히 따져보고 내린 결론은 … "우리는 모른다"였습니다.

오늘날 우리가 살아가는 현실을 보면, 아무리 긍정적인 사람이라도 불안한 마음을 갖는 것은 어쩔 수 없어 보입니다. 지금까지는 그럭저럭 살아왔지만, 앞으로 살아갈 날 속에서 무슨 일이 일어날지 알 수 없기 때문입니다. 게다가 날마다 들려오는 뉴스는 우리 마음을 어둡게 합니다. 기업들이 투자를 축소하는 바람에 경기가 불황이다, 최저임금 보장으로 자영업자는 힘들다, 청년 일자리가 없다. 기름 값도 오르고 물가도 오른다. 정세가 불안하다. …
정말 이런 소식으로 한 시도 마음 편하지 않은 게 현실이고, 정말
어디로 가야 할지 몰라 헤맬 수밖에 없는 것이 우리의 삶입니다.
그래서 불안합니다. 이런 현실 속에서 불안해할 수밖에 없는 우리
에게 하나님께서는 귀한 말씀을 들려주십니다.

　"너의 행사를 여호와께 맡기라 그리하면 네가 경영하는 것이
이루어지리라"(3). 하나님께 내 삶을 맡겼더니, 하나님만 바라보
고 따라갔더니, 계획했던 일들이 이루어지더라는 겁니다. 도대체
하나님이 어떤 분이기에 우리 길을 하나님께 맡기라고 하십니까?
우리 삶을 하나님께 맡겨야 하는 합리적인 이유를 생각해보고자
합니다.

하나님이 승인하시면 일사천리로 이루어진다

첫 번째, 하나님은 창조주이시므로 우리 길을 맡겨야 합니다.

　"마음의 경영은 사람에게 있[다]"(1)고 말합니다. 마음의 경
영이란 인생의 계획이나 꿈을 말합니다. "무슨 사업을 할까?",
"어떻게 집을 장만할까?", "결혼은 언제쯤 할까?" 사람들은 여러
계획을 세웁니다. 그러나 "말의 응답은 여호와께로부터" 나온다
고 하십니다. 이게 무슨 말입니까?

　예를 들어 보겠습니다. 직장의 한 부서에서 사업계획서를 작
성합니다. 그러나 계획서를 작성한다고 그대로 실행에 옮겨지는
것은 아닙니다. 회장의 최종 승인을 받아야 합니다. 직원이 아무

　　　　　　　　　　　　　　은혜는 내일 오지 않는다

리 멋진 계획을 세워도 최종 승인권자의 승인이 있어야, 그 사업 계획은 실행에 들어갑니다.

하나님은 어떤 분이십니까? 바울은 이렇게 고백합니다. "이는 만물이 주에게서 나오고 주로 말미암고 주에게로 돌아감이라"(롬 11:36). 인간을 포함해서 세상 모든 만물의 근원은 하나님이십니다. 모든 것은 하나님에게서 시작됩니다. 그러니까 우리가 아무리 멋진 꿈, 많은 꿈을 꾸어도, 최종 승인권자인 하나님께서 허락하시지 않으면 안 됩니다. 회사에서 직원이 아무리 멋진 프로젝트를 만들어 올려도, 회장님이 "안 돼"하면, 그 계획은 폐기 처분되는 겁니다.

이렇게 최종 승인권자가 계시기 때문에 어떻게 해야 합니까? "너의 행사를 여호와께 맡기라 그리하면 네가 경영하는 것이 이루어지리라"(3). 그런데 사람들은 이렇게 단순한 진리를 외면합니다. 야고보서 4장에는 이런 말씀이 나옵니다. 한 사업가가 어떤 도시에 가서 1년을 머물면서 장사해서 돈을 좀 벌어야겠다고 계획을 세웁니다. 그런데 계획을 세운다고 그 일이 마음대로 됩니까?

성경은 뭐라고 합니까? 내일 일을 알지 못한다고 했습니다. 아무리 완벽한 계획을 세워도 변수가 너무 많습니다. 사업하시는 분들, 어디 계획대로 사업이 움직여 가던가요? 일단 사업을 시작하면, 경기도 잘 돌아가야 하고, 낮은 금리로 좀 버텨주어야 하고, 직원들이 사고도 치지 말아야 하고, 협력업체들도 문제가 없어야 합니다. 사기도 당하면 안 됩니다. 하지만 아무리 완벽한 계획을 세워도, 우리 힘으로 어쩔 수 없는 일이 발생해서 일이 틀어질 때가 얼마나 많습니까?

흔히 그리스도인의 삶을 가나안 땅의 삶에 비유합니다. 이집트와 가나안의 삶, 그러니까 예수 믿기 전과 믿은 후의 삶은 무엇이 다른지 아십니까? 이집트에는 나일강이 있습니다. 그래서 이집트에서 살 때는, 늘 나일강에서 물을 끌어다가 농사를 지었습니다. 그러나 가나안에는 물을 끌어올 만한 큰 강이 없습니다. 그러면 어떻게 해야 합니까? 가나안에서는 하나님께서 이른 비와 늦은 비를 내리신다고 했습니다. 그러니까 밭을 일구고 씨를 뿌리고 나면, 그다음에는 하늘을 쳐다보는 겁니다. 비를 내리시는 하나님의 손길을 기다립니다. 이게 구원받은 그리스도인의 삶인데, 우리가 기도를 해야 하는 이유가 여기 있습니다. 기도는 하나님의 최종승인을 요청하는 겁니다.

우리의 가장 큰 문제는 회장님이 승인도 안 했는데, 자기가 막 계획을 세워서 제멋대로 일을 추진하는 겁니다. 너무 조급합니다. 몇 년 전에, 피터 언더우드라는 분이 한국에 거주하는 외국인을 대상으로 "한국인 빨리빨리 베스트 10"을 뽑은 적이 있습니다. 이 결과를 보면 우리가 일상에서 아무렇지 않게 하는 일들이 외국인의 눈에 얼마나 경이롭게 보이는지를 알 수 있습니다.

1. 자판기에서 커피가 내려오는데 손 집어넣어 컵 잡고 기다리기
2. 버스 정류장에서 버스가 출발하면 뒤따라 뛰어가면서 추격전 벌이기
3. 화장실 들어가기 전부터 미리 지퍼 내리기
4. 삼겹살 다 익기도 전에 먹기
5. 엘리베이터에서 2초도 못 참고 '닫힘' 버튼 누르기

은혜는 내일 오지 않는다

6. 3분 이상 기다려야 하는 컵라면을, 3분도 되기 전에 뚜껑 열기

7. 영화관에서 엔딩 자막이 끝나기도 전에 일어나 나가기

8. 화장실에서 볼일 보면서 양치질하기

9. 웹 페이지가 3초 안에 안 열리면 닫아 버리기

10. 편의점에서 음료수를 구매한 뒤 먼저 마시고 계산하기.

우리도 이런 조급증에 빠진 것은 아닐까요? 하나님의 재가가 날 때까지 진득하게 기다리지를 못합니다. 그래서 일을 망칠 때가 얼마나 많습니까? 우리는 항상 이 자세를 가져야 합니다. "제 인생에 결정권자는 주님이십니다. 제가 어떻게 하면 좋겠습니까? 어떻게 결정하시든지, 순종하고 따르겠습니다." 주님의 뜻을 묻는 겁니다. 승인권자로 존중하는 것입니다. 그럴 때 하나님께서 우리의 걸음을 인도해주십니다.

하나님께 맡기면 하나님이 이끄신다

두 번째로, 하나님은 우리를 향한 목적을 갖고 계시기 때문에, 우리 길을 맡겨야 합니다.

하나님께서 우리를 창조하셨을 때는, 반드시 쓰임과 목적을 가지고 보내십니다. "여호와께서 온갖 것을 그 쓰임에 적당하게 지으셨나니, 악인도 악한 날에 적당하게 하셨느니라"(4). 모든 것을, 심지어 악인까지도 다 쓰임에 적당하게 지으셨다고 합니다.

세상에 존재하는 모든 물건에는 다 용도가 있습니다. 목적이

있으니까 존재합니다. 이 마이크도, 쓰레기통도, 앉아 있는 의자도 다 소용이 있으니까 존재합니다. 그렇다면 내 인생의 존재 가치는 어디 있겠습니까? 하나님께서 우리를 지으신 목적에 얼마나 부합하며 사는가? 여기에 우리 인생의 가치가 있습니다.

학생들을 가르치는 교사나, 아픈 사람 치료하는 의사, 사업으로 많은 사람을 먹여 살리는 사업가, 저처럼 매주 말씀을 준비해서 전하는 일을 하는 목사도 있습니다. 중요한 것은 내가 하나님의 목적을 알고, 거기 부합하는 삶을 살고 있는가입니다.

하나님께서는 온갖 것을 그 쓰임에 적당하게 지으셨다고 했습니다. 이것을 잘 설명하는 말씀이 있습니다. "하나님이여 주의 생각이 내게 어찌 그리 보배로우신지요 그 수가 어찌 그리 많은지요"(시 139:17). 여기 "주의 생각"이라고 했는데, 원어에는 "주의 생각들"이라고 복수로 되어 있습니다. 그러니까 하나님의 생각이 너무나 많습니다. 우리를 창조하실 때, 우리를 이 세상에 내보낼 때, 되는 대로 내동댕이치듯 보낸 것이 아니라, 많은 생각 끝에 내보내셨습니다. 하나님께서 심사숙고하신 결정체가 우리입니다.

지금 유럽 성악계에 샛별처럼 떠오르는 한국 여성이 한 명 있습니다. 푸치니가 작곡한 〈나비부인〉의 주인공인데, 동양인이 이런 유명한 곡의 주연으로 발탁되는 것은 참 어려운 일입니다. 이분이 이탈리아로 유학을 가서 수년 동안 성악공부를 했지만, 빛을 보지 못했습니다 그래서 이분은 자기 눈이 민 눈이라서 유럽인에게 어필하지 못해서 그런 게 아닌가 생각합니다. 그래서 쌍꺼풀 수술을 해야겠다고 결심합니다. 남편을 설득해서 서울에 있는 유명한 성형외과 전문의에게 예약을 했습니다.

은혜는 내일 오지 않는다

수술 날짜를 잡고 나서 그다음 주일에 교회에 가서 예배를 드리는데, 목사님의 설교 내용이 "왜 주어진 것을 감사하지 않느냐? 왜 여성들은 쌍꺼풀 수술을 하느냐? 나중에 죽어서 하늘나라에 갔는데 하나님이 못 알아보시면 어떻게 할 거냐?" 이런 내용이었습니다. 그 설교를 들으면서 '오늘 말씀은 나에게 주시는 말씀이구나!' 깨닫고 수술을 취소합니다. 대신에 수술 날짜가 잡혔던 날에 열린, 한 콩쿠르에 참가했는데 거기서 대상을 받습니다.

그런데 그 콩쿠르 현장에, 독일의 유명한 극장의 대표가 앉아 있었습니다. 그리고 그날 그 자리에서 나비부인으로 발탁되었습니다. 이 성악가가 물었습니다. "저는 조연도 해보지 않은 사람인데, 어떻게 저를 처음부터 주연으로 뽑았습니까?" 그 대표는 "당신의 눈 때문입니다"라고 말합니다. 본래 나비부인은 일본 여인이지만, 일본 여성의 가창력은 한국 여성보다 떨어져서 유럽에서 인정을 못 받는답니다. 뿐만 아니라, 일본 여성은 전부 쌍꺼풀 수술을 해서 일본 여성을 무대 위에 올려놓으면, 유럽 관객이 일본인으로 보지 않는다고 합니다. 그런데 당신 같은 가창력을 지닌 사람으로, 쌍꺼풀 없는 동양 여자를 처음 봤다는 것입니다. 그래서 주연으로 발탁되었습니다.

지금의 내 모습은 결코 우연이 아닙니다. 나는 왜 키가 작은가? 나는 왜 살을 빼도 날씬해지지 않는, 통뼈를 가지고 태어났는가? 고민이 많습니다. 하나님은 심사숙고 끝에 우리를 그렇게 만드셨습니다. 그런데 우리는 자신을 그 목적에 비추어 바라보지 않고, 경쟁하고 비교하고 순위를 매기고, 자신을 하나님의 걸작이 아닌 상품 취급을 하면서 평가합니다. 그렇게 하니 자신이 초라하게 느껴집니다. 목적을 이해하지 못하니까 그런 일이 생깁니다.

우리는 다른 사람과 비교할 필요도 없고, 흉내 낼 필요도 없고, 경쟁할 필요도 없습니다. 나는 나일 뿐입니다. 아무도 부러워하지 않아도 됩니다. 자신만의 향기를 내고, 자신만의 길을 걸어가면 되는 겁니다. 자식을 키울 때도 마찬가지입니다. 왜 꼭 공부를 잘해야 합니까? 내 자식이 장차 어떻게 될지, 무슨 재주로 인생을 꽃 피울지 어떻게 압니까?

영국 옥스퍼드 대학에서 조사한 내용입니다. 현재 720개의 전문직 중에, 앞으로 20년 안에 상당 부분 사라질 직업이 350개라고 합니다. 그중에는 회계사, 은행원, 약사, 요리사, 스포츠 경기 심판, 치위생사, 그리고 그렇게 선망하던 의사, 판사, 변호사, 심지어 요리사까지 포함됩니다. 20년 안에 요리사가 없어질 확률은 96퍼센트입니다. 회계사 94퍼센트, 아나운서 72퍼센트…, 지금 아무리 인기가 높아도 앞으로는 어떻게 될지 모른다는 의미입니다. 그러니까 자녀의 인생을 주님께 맡기고, 기도하는 것 외에 우리가 할 수 있는 것이 없습니다.

우리 인생을 하나님께 맡기지 않고, 내 마음대로 경영하면 어떻게 됩니까? 결국 헛수고가 되고 맙니다. 하나님이 각자를 위해 세우신 목적이 있습니다. 그 목적을 따라 우리를 인도하십니다.

하나님이 나의 목자이기에 우리를 이끄신다

세 번째로, 하나님께서 우리의 걸음을 인도하시기 때문에 우리 길

은혜는 내일 오지 않는다

을 맡겨야 합니다.

"그의 걸음을 인도하시는 이는 여호와시니라"(9). 이 말씀을 묵상하다가 성경에 나오는 적절한 표현이 하나 생각났습니다. 바로 하나님은 나의 목자요, 나는 그의 기르시는 양이라는 말입니다. 양은 목자가 없으면 생존이 불가능합니다. 눈도 나쁘고, 방어 능력도 없고, 방향감각도 없습니다. 목자가 가까이에서 돌봐주지 않으면 하루도 살 수 없는 존재가 바로 양입니다. 우리가 그런 양입니다.

그래서 다윗은 시편 23편에서 이렇게 고백합니다. "그가 나를 푸른 풀밭에 누이시며 쉴 만한 물 가로 인도하시는도다"(2). 우리는 전혀 앞길을 알지 못하고 가지만, 하나님께서 우리의 목자가 되셔서 오늘도 그리고 내일도 변함없이 푸른 풀밭과 맑은 물가로 우리를 인도하신다고 고백합니다.

양으로서 좋은 것이 그것 아니겠습니까? 어디로 갈지 고민할 필요가 없습니다. 그냥 목자가 이끄는 대로 따라가면 됩니다. 믿음 생활이 왜 힘들까요? 하나님의 인도하심을 묵묵히 따라가면 되는데, 하나님을 끌고 가려고 하기 때문에 힘든 겁니다. 내 뜻을 굽히려고 하지 않습니다.

저희 집은 강아지를 한 마리 키웁니다. 자주 산책을 나가지 못하기 때문에 주인과 함께 걷는 훈련이 되어 있지 않습니다. 가끔 한번씩 밖에 나가면 헉헉거리면서 주인을 끌고 가려고 합니다. 아무리 용을 써도 제가 목줄을 쥐고 있기 때문에 자기가 원하는 데로 갈 수 없습니다. 그런데도 힘을 다해 주인을 끌어가려고 합니다. 그러다가 지치면 그때 비로소 제 옆을 졸졸 따라옵니다.

여기 하나님의 뜻과 내 뜻이 있다면 누가 포기해야 합니까? 우리를 향한 하나님의 뜻은 창세 전에 세워졌습니다. 창세 전에 세우신 하나님의 고집을 꺾으려고 하면, 그게 가능하겠습니까?

요즘 목회에 대한 욕심을 내려놓고 하나님께서 이끄시는 대로 순종하니까, 얼마나 편한지 모르겠습니다. 따라서 양에게 필요한 것은 목자에 대한 철저한 신뢰입니다. 때로는 가시덤불을 헤치고 나갈 때도 있습니다. 당장에 힘이 들어 불평이 나오지만, 목자는 그 가시덤불 뒤에 푸르른 풀밭이 있음을 보았기 때문에 그쪽으로 이끄는 겁니다. 그래서 시편 기자는 고백합니다. "이 하나님은 영원히 우리 하나님이시니 그가 우리를 죽을 때까지 인도하시리로다"(시 48:14). 하나님의 인도하심은 이 세상에서 끝나는 것이 아니라, 저 영원한 천국으로 이어진다는 약속의 말씀입니다.

오늘 말씀이 나에게 주시는 말씀으로 '아멘'이 되지 않고, 은혜로 다가오지 않아 마치 유리벽을 맞고 튕겨 나가는 느낌이 들지도 모릅니다. 나에게 큰 질병도 찾아오고 자녀는 아직 자기 길을 찾지 못했습니다. 사업은 더 어려워졌습니다. 이런 상황에서 어떻게 하나님이 나의 목자라고 고백할 수 있을까요?

오늘 말씀에서 우리가 놓치지 말아야 할 중요한 진리가 하나 있습니다. 이렇게 하나님의 인도함을 받으려면 조건이 있는데, 양이 목자의 말을 믿고 따라갈 때만 가능하다는 것입니다. 하나님의 말씀을 따르지 않고 살았기 때문에, 삶에 혼란이 오고 또 넘어지는 겁니다. 비록 하나님의 말씀이 나에게 유익이 되지 않는 것 같아도, 때로는 재정적인 결핍이 생기고 몸에 병이 오고 자녀들 때문에 속이 썩을 때도 있지만, 그래서 하나님이 나를 벼랑 끝으로

은혜는 내일 오지 않는다

끄는 것 같더라도 무조건 믿고 따라가야 합니다.

어떤 부흥강사 목사님이 초청을 받아 설교를 하게 되었습니다. 초청한 교회에서 연락이 왔습니다. "목사님, 설교 본문과 제목을 알려주십시오." 그때 목사님은 이렇게 답을 보냅니다. "네, 성경은 시편 23편이고요. 설교 제목은 '여호와는 나의 목자시니'입니다." 그때 사무 간사가 제목이 뭔가 부족하다고 느꼈는지, "목사님, 그게 전부입니까?"라고 묻습니다. "네 맞습니다. 그게 전부입니다.""'여호와는 나의 목자시니' 그게 정말 전부입니까?"

이때 목사님은 이렇게 말합니다. "여호와가 나의 목자이시면 다 됐지, 무엇이 더 필요합니까?" 그때 간사님은 이렇게 고백했다고 합니다. "맞습니다. 하나님이 우리 삶의 목자가 되신다면, 무엇이 더 필요하겠습니까?"

나의 목자이신 하나님을 사랑하고 신뢰합시다. 항상 그분을 즐거워합시다. 헬렌켈러는 이런 이야기를 했습니다. "태양만 바라보며 사십시오. 그러면 당신의 그림자가 보이지 않습니다." 한 치 앞도 내다볼 수 없는 인생길입니다. 그러니 우리 길을 하나님께 맡깁시다. 하나님은 우리의 창조주이시고, 목적을 가지고 우리를 창조하셨고, 지금도 우리 걸음을 인도하십니다. 하나님보다 앞서지 맙시다. 순간순간 기도를 통해 하나님께 우리 길을 맡기고 믿음으로 걸어가면, 우리 걸음을 한걸음씩 평안으로 인도해주실 줄 믿습니다.

11 예수께서 예루살렘으로 가실 때에 사마리아와 갈릴리 사이로 지나가시다가 12 한 마을에 들어가시니 나병환자 열 명이 예수를 만나 멀리 서서 13 소리를 높여 이르되 예수 선생님이여 우리를 불쌍히 여기소서 하거늘 14 보시고 이르시되 가서 제사장들에게 너희 몸을 보이라 하셨더니 그들이 가다가 깨끗함을 받은지라 15 그 중의 한 사람이 자기가 나은 것을 보고 큰 소리로 하나님께 영광을 돌리며 돌아와 16 예수의 발 아래에 엎드리어 감사하니 그는 사마리아 사람이라 17 예수께서 대답하여 이르시되 열 사람이 다 깨끗함을 받지 아니하였느냐 그 아홉은 어디 있느냐 18 이 이방인 외에는 하나님께 영광을 돌리러 돌아온 자가 없느냐 하시고 19 그에게 이르시되 일어나 가라 네 믿음이 너를 구원하였느니라 하시더라

누가복음 17:11~19

은혜는 내일 오지 않는다

15

온전한 응답을 위한 마지막 퍼즐

믿음이 기독교의 전유물은 아닙니다. 사실, 세상 모든 종교는 믿음에서 시작합니다. 이 믿음의 정도를 보여주는 대표적인 행동이 있는데, 기도가 바로 그렇습니다. 사람들은 삶에 필요한 것들을 기도라는 행위를 통해 신에게 구합니다. 사업이 번창하기를 기도하고, 자식이 좋은 대학과 직장에 들어가기를 기도합니다. 또한 병든 몸을 놓고 치유를 빌기도 합니다. 이렇게 삶에 필요한 것을 구한다는 차원에서 보면 기독교는 다른 종교와 다를 바가 없습니다. 그렇다면 과연 기독교에서 말하는 기도와 다른 종교에서 말하는 기도에는 어떤 차이가 있을까요?

대략 6~7년 전, 저는 주일예배 시간에 치유기도를 시작해서 약 1년을 지속했습니다. 그러다가 지금까지 쉬었습니다. 그동안 여러 성도로부터 "목사님, 치유기도 안 하시나요?" 하는 질문을 많이 받았습니다. 사실 그동안 개인적으로는 이 주제로 씨름을 하고 있었습니다. 치유기도를 중단했던 이유는, 제 머릿속을 떠나지 않는 단순한 질문 때문이었습니다. "치유기도가 단지 병 낫는 것이 목적이라면, 병 나으려고 무당 데려다가 굿하는 것과 뭐가 다르지?" 하는 의문이 들어서였습니다.

예수님은 떡 다섯 개와 물고기 두 마리로 5,000명을 먹이셨습니다. 왜 그렇게 하셨습니까? 단순히 군중의 배를 불리는 것이 목적은 아니었습니다. 배고픈 자들을 먹이신 후에는, 자신이 생명의 떡임을 말씀하셨습니다. 죽은 나사로를 살리신 것도, 당신을 믿는 자는 죽어도 다시 사는 부활인 것을 믿게 하기 위해서였습니다.

그럼 병든 자를 치유하신 이유는 무엇이었을까요? 예수님은 육신의 질병뿐만 아니라 영혼의 질병까지 온전하게 치유하시는, 영혼의 치유자임을 알게 하기 위해서였습니다. 그런데 저는 병 낫는 것이 목적이 되어버린 채, 치유기도를 인도하고 있었습니다. '목적의식을 상실했는데, 설사 병이 낫는다고 해도 그게 예수님과 무슨 상관이 있겠는가?' 여기까지 생각이 미치자, 강단에서 '쇼'를 하면 안 되겠다는 생각이 들어 준비될 때까지 중단할 마음이었습니다.

이제 다시 치유기도를 하게 되었는데, "응답을 구하는 기도의 궁극적인 지향점은 무엇이 되어야 하는가?" 하는 저의 의문에 대해 어느 정도 정리가 되었기 때문입니다. 오늘 말씀은 열 명의 나병환자가 예수님에게 병 고침을 받은 내용입니다. 아까 언급했던 질문을 마음에 담았다면 응답을 구하는 기도의 궁극적인 지향점은 무엇이 되어야 하는가를 생각해보고 은혜를 나누고자 합니다.

기도응답을 부르는 첫 번째 열쇠: 부르짖음

첫 번째로, 기도응답은 부르짖음에서 시작됩니다.

나환자들은 예수님을 보자 "예수 선생님이여 우리를 불쌍히 여기소서"라고 부르짖습니다. 총에서 총알이 나가려면 방아쇠를 당겨야 하듯, 기도 응답은 우리가 부르짖어 간구할 때 시작됩니다. 방아쇠를 당기지 않으면 아무리 총알이 가득 장전되어 있어도 총알은 발사되지 않습니다. 일단 기도를 해야 합니다.

그럼 어떻게 시작하는 것이 좋습니까? 다른 무엇보다 우리를 불쌍히 여겨달라고 부르짖어야 합니다. 이것 하나로 응답이 시작됩니다. 나병환자들은 지금 멀리 서서 불쌍히 여겨달라고 부르짖고 있습니다. 여기 '불쌍히 여겨 달라'는 말은, "우리는 아무 자격도 없습니다. 공로도 없습니다. 그래서 오직 불쌍히 여겨주심만 기대합니다"라는 의미입니다. 이 고백은 자기 존재에 대한 파산 선고이자 항복 선언입니다. 이것이 응답의 길로 들어가는 첫 번째 걸음입니다.

얼른 보면, "하나님, 불쌍히 여겨주세요"라고 부르짖는 것이 쉬워 보이지만, 사실은 그렇지 않습니다. 운동하시는 분들, 특별히 수영하시는 분들 이야기를 들어보면, 첫 번째로 몸에서 힘을 빼라고 합니다. 그런데 초보자는 몸에서 힘이 잘 빠지지 않습니다. 힘을 잔뜩 주니까 물속에 가라앉습니다. 그래서 처음 수영을 배울 때, 몸에서 힘을 빼는 훈련부터 합니다. 그때부터 몸이 물에 뜨기 시작합니다.

믿음도 똑같습니다. 내가 힘을 주면 어떤 역사도 일어나지 않습니다. 힘을 빼야 합니다. 그게 뭡니까? 자기를 부인하고 하나님의 긍휼을 의지하는 겁니다. 그때부터 응답이 나타나기 시작합니다. 그런데 이게 어렵습니다. 왜 그럴까요? 평생 자기 의지와 노력으로 애쓰며 살아왔는데, 그렇게 열심히 살아온 자신을 부정해야 하는 일이니, 결코 쉽지 않습니다. 기도는 그 알량할 체면이고 자존심이고 다 내려놓고 나의 무기력을 고백하는 겁니다. 이걸 못하니까 기도를 하지 못합니다.

교회는 절대로 잘난 사람들이 모인 곳이 아닙니다. 자기가 잘났다고 생각하는 사람은 교회 구성원이 될 수 없습니다. 교회는 "나는 무력합니다, 나는 깨졌습니다, 나는 실패했습니다, 나는 긍휼이 필요합니다" 하고 고백하는 사람들이 모인 곳입니다. 그리고 여기서부터 진정한 응답의 능력이 나타납니다.

여기 열 명의 나병환자를 보세요. 이들 중에는 유대인과 사마리아인이 섞여 있습니다. 원래 유대인은 사마리아인과 상종도 하지 않았습니다. 그러나 나병이 걸린 그들은 서로 차별하지 않습니다. 다들 똑같이 쫓겨난 형편입니다. 나병으로 죽을 사람들끼리 뭘 서로 차별하고 자랑하겠습니까? 병에 걸리고 나니까 얼마나 잘살았고, 얼마나 집안이 좋았고 하는 것은 다 의미가 없었습니다.

마찬가지로 이제 우리는 오직 예수님의 공로만 필요한 자들입니다. 우리 모두는 다 하나님 앞에서 죄인이고, 지옥으로 떨어질 수밖에 없었던 존재이고, 하나님의 은혜가 필요한 존재라는 것을 깨달아야 합니다.

다윗을 생각해봅시다. 그가 밧세바를 취하는 죄를 지은 후에 그녀와의 사이에서 아기가 태어나지만 다윗의 죄로 아이는 심한 병에 걸립니다. 그때 다윗은 금식하고 밤새도록 맨땅에 엎드립니다. 그렇게 7일을 보냅니다. 하지만 결국 아이는 죽고 맙니다.

아이가 죽자 다윗은 땅에서 일어나 몸을 씻고 기름을 바르고 의복을 갈아입고 여호와의 전에 들어가 경배합니다. 그리고 왕궁으로 돌아와 명령하여 그 앞에 음식을 차리게 합니다. 놀라는 신하들에게 이렇게 이야기합니다. "이르되 아이가 살았을 때에 내가 금식하고 운 것은 혹시 여호와께서 나를 불쌍히 여기사 아이를 살려주실는지 누가 알까 생각함이거니와"(삼하 12:22).

응답을 하시든지 하지 않으시든지, 주권은 하나님께 있습니다. 기도를 드릴 때 우리가 취할 수 있는 유일한 태도는 하나님 앞에 불쌍히 보이는 겁니다. 우리에게 무슨 공로나 의가 있어 감히 하나님 앞에 요청할 수 있겠습니까? 기도로 응답의 방아쇠를 당기십시오. 우리 연약함을 고백하며 불쌍히 여겨달라고 부르짖어 기도하면, 하나님께서 우리의 간구에 귀를 기울이십니다.

기도응답을 부르는 두 번째 열쇠: 믿음의 행동

두 번째로, 기도응답은 행동으로 진행됩니다.

기도응답의 두 번째 단계입니다. 14절을 보면 "그들이 가다가 깨끗함을 받[았다]"고 말씀합니다. 여기 주목해야 될 부분은 "가다가"입니다. 부르짖는 나병환자들에게 예수님은 제사장에게 가서 몸을 보이라고 하셨습니다. 그들이 말씀을 듣는 순간, 본능적으로 자기 몸을 살펴보았을 것 같습니다. 어땠을까요? 아직 그대로입니다.

피부는 짓무르고 코는 문드러지고, 냄새 나는 것 그대로입니다. 그런데 예수님은 가라고 하십니다. 가서 제사장에게 보이라고 합니다. 이때 나병환자들은 제사장에게로 갑니다. 그리고 가는 도중에 깨끗함을 받았습니다. 여기에 응답의 두 번째 단계가 나옵니다. 말씀에 대한 순종입니다. 눈에 보이는 어떠한 보증도 없었지만, 그들은 믿고 행했습니다.

여기서 한 가지 궁금증이 생깁니다. 이들은 어떻게 말씀에 순종하는 믿음을 가질 수 있었을까요? 답은 의외로 간단합니다. 생각이나 느낌이 자신을 구원하지 못한다는 것을 알았습니다. 오히려 나병이라는 절대적인 절망이 그러한 생각과 감정, 판단을 뛰어넘게 했습니다.

구약에 나오는 나병환자 중에 나아만이 있습니다. 그는 아람 군대의 장군이었습니다. 엘리사 선지자의 소문을 듣고 나병을 고침받겠다고 찾아옵니다. 엘리사 선지자는 뭐라고 합니까? 요단강에 가서 7번 몸을 씻으라고 합니다. 그때 나아만이 뭐라고 합니까? "나아만이 누하여 물러가며 이르되 내 생각에는 그가 내게로 나와 서서 그의 하나님 여호와의 이름을 부르고 그의 손을 그 부위 위에 흔들어 나병을 고칠까 하였도다"(왕하 5:11). 나아만은 아직 자기 생각이 있습니다. 그러니까 순종을 못합니다.

오늘 우리가 하나님 말씀에 순종하지 못하는 이유도, 이런 것 아니겠습니까? 아직 내 생각, 내 감정에 머물러 있기 때문입니다. 사람에게는 누구나 자신만의 프레임이 있습니다. 그러나 모든 프레임에는 일정한 편견이 있습니다. 그런데도 그 프레임을 절대 포기하지 않습니다. 자기 생각 속에 머물러 있으려고 합니다.

하나님의 말씀을 들을 때 대개는 수긍합니다. "맞아, 옳은 말씀이야", "그렇게 살아야지." 하지만 이런 생각만으로 순종하는 단계까지 갈 수 있습니까? 못 갑니다. 정말 하나님의 말씀이 옳다고 믿는다면, 그 믿음이 어디까지 가야 합니까? 행하는 데까지 가야 합니다. 단순한 수긍이나 동의에 머물면 안 됩니다. 행함이 따라야 합니다. 이것을 전인격적으로 반응한다고 합니다. 이럴 때 비로소 온전한 응답을 경험합니다.

오래전에 한 치유집회에 참석한 적이 있습니다. 집회를 인도하는 목사가 치유선포를 하고 나서, "병이 나았다고 확신하는 사람은 의자에서 일어나서 앞으로 나오라"고 합니다.

집회를 마치고 목사님께 물었습니다. "왜 꼭 나오라고 합니까?" 그분 말씀이, 병이 나은 것을 머리로만 믿는 것이 아니라 실제로 몸이 행동하도록 함으로써 전인격적으로 반응하게 하기 위해서라고 했습니다. 실제로 그렇게 해서, 많은 분이 고침받는 것을 보았다고 합니다.

성경은 항상 믿음의 역사를 이야기합니다. 믿음은 언제나 '행동'과 같이 갑니다. 야고보 사도도 "행함이 없는 믿음은 죽은 믿음이라"고 했습니다. 이스라엘 백성이 가나안 땅으로 들어갈 때, 법궤 맨 제사장들이 요단강에 발을 들여놓으니까 비로소 갈라졌습니다. 여리고 성은 함성을 외치자 무너졌습니다. 따라서 말씀에 믿음의 행위로 화답하면 우리 삶 속에 역사가 일어나고, 행함으로 화답하지 않으면 말씀은 문자로만 남게 됩니다.

　나병 환자들은 예수님의 말씀에, 자기 생각과 감정을 내려놓고 믿음의 발을 내딛었습니다. 그때 치유가 이루어지기 시작합니다. 가는 도중에 깨끗함을 받았습니다. 우리도 이렇게 말씀에 순종해야 합니다. 내 생각과 감정, 판단을 내려놓고 하나님 말씀에 전인격적으로 반응하여 순종함으로써 응답받는 역사가 있기를 간절히 축원합니다.

기도응답의 완성: 하나님께 영광을 돌림

세 번째로, 기도응답은 하나님께 영광을 돌림으로 완성됩니다.

　제사장에게로 가던 도중 열 명의 나병환자는 모두 치유를 받습니다. 그런데 그중에 사마리아인 한 사람만 예수님께 돌아와 감사를 표합니다. "그중의 한 사람이 자기가 나은 것을 보고 큰 소리로 하나님께 영광을 돌리며 돌아와"(15). 우리가 주목해야 하는 대목입니다. 기적은 열 명 모두 경험했는데, 그중에 한 사람만 예수님께 돌아와 하나님께 영광을 돌리고 있습니다. 그들이 제사장에게 가던 길에, 자기 몸을 보고 또 서로를 쳐다보니 떨어져 나간 코가 다시 회복되고, 문드러졌던 피부가 우유 빛처럼 깨끗하게 나았습니다. 얼마나 놀랐을까요? 정말 너무너무 기뻤을 겁니다.

　이제 할 일은 너무나 분명해졌습니다. 더 빨리 걸음을 재촉해 제사장에게 가는 겁니다. 빨리 가서 다 나았다는 증명서를 발급받아야 합니다. 그래야 빨리 사랑하는 가족과 사회의 품으로 돌아갈 수 있습니다. 그래서 아홉 명은 제사장에게로 갑니다. 여기엔 잘못된 게 없습니다.

이해를 돕기 위해 예를 들겠습니다. 대학을 졸업하고 여기저기 지원서를 냈지만, 연락 오는 데가 없어 시간만 보내고 있는데 드디어 연락이 왔습니다. 그중에서도 내가 제일 일하고 싶은 회사로부터 출근하라는 연락을 받았습니다. 얼마나 기쁘겠습니까? 그러면 제일 먼저 엄마에게 전화하겠죠? "엄마, 7월 1일부터 출근하래요!" 친구들에게도 전화를 돌립니다. "야, 나 취업했다." 그리고 여기저기서 정신없이 축하받으러 다니다가 주일 날 교회에 와서 감사헌금을 합니다.

이것이 대개 감사할 일이 생겼을 때 우리의 모습 아닙니까? 나병환자들이 얼마나 빨리, 가족에게 돌아가고 싶었겠습니까? 그래서 예수님께 오지 않고 제사장에게로 바로 간 것, 저는 충분히 이해할 수 있습니다.

그런데 놀라운 일은 무엇입니까? 사마리아인은 제사장에게로 바로 가지 않았습니다. 대신 예수님께 먼저 돌아와 머리를 숙이고 감사를 드립니다. 제사장에게 간 아홉 명이 이상한 것이 아니라, 그 와중에 예수님께 돌아와 감사를 표한, 사마리아인이 사실은 더 이상한 겁니다. 사마리아인이 먼저 예수님께 돌아온 사실이 왜 중요하느냐면, 질병을 고침받는 순간 그는 무엇이 정말 중요한지를 알았기 때문입니다. 물론 나병이 나은 것도 정말 놀라운 일입니다. 그러나 사마리아인은 "도대체 예수라는 분이 어떤 분

이기에 하나님께 저주받았다고 여겨지는 나병까지 낫게 하시는
가?" 여기까지 생각이 미친 겁니다.

제사장에게 자기 몸을 보이고, 그 후에 예수님께 가서 감사
해도 됩니다. 인간 제사장은 단지 나았음을 확인해줄 뿐이지, 그
가 낫게 해주는 것은 아니기 때문입니다. 사마리아인은 그 사실을
안 겁니다. 자기 병이 나은 것을 보는 순간, 예수님이 그토록 기다
려왔던 메시아, 하나님의 아들이신 것을 깨닫습니다. 메시아를 만
났을 때 그에게는 예수님보다 더 중요한 것은 없었습니다. 그래서
예수님께로 한걸음에 달려왔습니다.

"예수님 한 분이면 충분합니다"

이 사마리아인의 행동에 왜 우리가 관심을 갖습니까? 대개는 예
수를 믿어도, 자기 필요를 채우기 위해 믿는 사람이 많기 때문입
니다. 예수 믿어 사업 잘 되고, 예수 믿어 건강하고, 예수 믿어 자
식들 좋은 대학 가고, 이런 것이 예수님을 따르는 궁극적인 목적
이 되면, 예수님은 단지 나의 필요나 채워주는 마술램프의 거인
지니와 다를 바가 없습니다. 사마리아인은 낫는 즉시 예수님께 돌
아옵니다. 이 행동은 기도의 목적이 자기 필요를 채우는 것이 아
니고, 자기가 받은 복의 근원을 잘 알고 모든 영광을 하나님께 돌
리는 데 있음을 보여줍니다.

그렇습니다. 예수님은 고작 우리 육신의 필요나 채워주시려
고, 이 땅에 오신 것이 아닙니다. 영원한 생명을 주시기 위해 오셨

은혜는 내일 오지 않는다

습니다. 이제 예수님이 다시 오시면, 새 하늘과 새 땅이 펼쳐지고, 우리 인생의 새로운 지평이 열립니다. 영원한 세계가 펼쳐집니다. 그 나라에서 장차 예수님과 함께 왕 노릇할 소망이 우리에게 있습니다. 예수를 믿어 영생을 얻었으니, 어떻게 예수님 한 분으로 만족하지 않을 수 있겠습니까?

치유를 위해 기도할 때도 이 사실을 잊지 않았으면 좋겠습니다. 단지 병 낫는 데만 관심 갖지 말고, 나를 치유하시는 예수님을 더 깊이 알고, 예수님을 더 사랑하고, 하나님께 영광을 돌리게 되길 바랍니다.

우리의 병이 낫는 것도 놀라운 일입니다. 그러나 무엇이 더 놀랍습니까? 창조자 하나님, 나를 만드신 하나님의 능력을 경험하는 일입니다. 하나님의 영광을 체험하는 것입니다. 이와 같은 영광 앞에, 고작 우리 필요나 채웠다고 좋아하면서 자기 생활로 돌아간다면, 9명의 유대인과 뭐가 다르겠습니까?

제가 미국 커버넌트 신학교를 다닐 때 일입니다. 한국 학생들끼리 시간을 내서 일일 수련회를 한 적이 있습니다. 그날 밤에 함께 나누었던 말씀이 하박국 3장 17~18절 말씀이었습니다. "비록 무화과나무가 무성하지 못하며 포도나무에 열매가 없으며 감람나무에 소출이 없으며 밭에 먹을 것이 없으며 우리에 양이 없으며 외양간에 소가 없을지라도 나는 여호와로 말미암아 즐거워하며 나의 구원의 하나님으로 말미암아 기뻐하리로다."

여기에 반복되는 말이 있죠? "없으며"라는 단어입니다. 무화과 열매, 포도 열매, 감람나무 열매, 우리의 양, 외양간 소는 무엇입니까? 나의 필요를 채우는 일입니다. 그날 밤 이 말씀에 자신이 지금 가장 필요하고, 지금 가장 원하는 것이 무엇인지, 그것을 "없어도"라는 말씀에 대입해서 고백하자고 했습니다.

당장 다음 학기 등록금이 없는 학우가 고백합니다. "등록금이 없어서 한국으로 돌아가도, 나는 여호와로 인해 기뻐하겠습니다." 결혼하고 아기가 생기길 기다리던 학우는 "하나님께서 평생 아기를 주시지 않는다고 해도 나는 하나님으로 인해 즐거워하겠습니다." 그리고 제 차례가 되었습니다. 그때 저는 공황장애가 와서 학교를 한 학기 쉬고 있던 때였습니다. "하나님께서 평생 나에게서 공항장애를 가져가시지 않아도…." 끝까지 말을 마무리하지 못하고 그만 울음을 터트리고 말았습니다. 그리고 그날 밤에 모두 함께 울면서 "무화과나무 잎이 마르고" 찬송을 목이 터져라 불렀습니다.

하나님은 나의 필요를 채우는 분이라는 차원에서 만족합니까? 아니면 이런 것들이 비록 채워지지 않더라도, 이런 것들보다 하나님이 계셔서 기뻐하겠다고 고백하며 주님 한 분만으로 만족합니까? 나병환자들이 병은 나았지만, 결국은 늙어 죽었습니다. 나사로는 죽음에서 살아나는 놀라운 기적을 경험했지만 두 번 장례를 치러야 했습니다. 오병이어로 배부르게 먹은 군중은 저녁이 되어서는 배고프지 않았겠습니까? 이처럼 이 땅의 필요를 채우는 일은 예수를 믿는 '궁극적인' 목적이 될 수 없습니다.

교회 카카오톡 방에 어떤 형제가 자주 남기는 글이 있습니다. "예수님으로 충분합니다. 예수님 한 분이면 됩니다. 예수님이 나의 결론입니다." 나의 필요를 채워주셔서 예수님이 아니라, 나에게 영원한 생명까지 주셨기에 그리 아니하실지라도 만족한다는

은혜는 내일 오지 않는다

고백 아니겠습니까?

예수님으로 감사하는 일은 기도 응답을 완성시키는 마지막 퍼즐입니다. 우리 모두가 기도할 때 하나님의 응답을 경험하게 되는 것을 넘어 예수 그리스도로 한 분으로 만족하는 성숙한 믿음으로 성장하기를 바랍니다.

국제제자훈련원은 건강한 교회를 꿈꾸는 목회의 동반자로서 제자 삼는 사역을 중심으로
성경적 목회 모델을 제시함으로 세계 교회를 섬기는 전문 사역 기관입니다.

은혜는 내일 오지 않는다

초판 1쇄 인쇄 2020년 5월 15일
초판 1쇄 발행 2020년 5월 22일

지은이 박희석

펴낸이 오정현
펴낸곳 국제제자훈련원
등록번호 제2013-000170호(2013년 9월 25일)
주소 서울시 서초구 효령로68길 98(서초동)
전화 02)3489-4300   **팩스** 02)3489-4329
이메일 dmipress@sarang.org

ISBN 978-89-5731-811-9 03230

※ 책값은 뒤표지에 있습니다. 잘못된 책은 구입하신 곳에서 교환해드립니다.